일본어뱅크

新일본어능력시험 출제기준 및
실제 시험 반영!

新 일본어 능력시험 문자·어휘

이거 하나면 끝!

N3

정의상 · 이미지 지음

동양books

일본어뱅크 新일본어능력시험 출제기준 및 실제 시험 반영!

新 일본어 능력시험 문자·어휘 N3
이거 하나면 끝!

초판 인쇄 | 2011년 8월 1일
초판 발행 | 2011년 8월 5일

지은이 | 정의상, 이미지
발행인 | 김태웅
책임편집 | 이주영, 橋本奈苗
표지디자인 | 안성민
내지디자인 | 차경숙
마케팅 | 조도현, 정상석, 서재욱,
　　　　 장영임, 김귀찬, 김철영
제작 | 현대순

발행처 | 동양북스
등록 | 제 10-806호(1993년 4월 3일)
주소 | 서울시 마포구 서교동 463-16호 (121-842)
전화 | (02)337-1737
팩스 | (02)334-6624
웹사이트 | http://www.dongyangbooks.com
　　　　　 http://www.dongyangtv.com

ISBN 978-89-8300-787-2 14730
　　　 978-89-8300-786-5 14730 (세트)

머리말

　　일본어 능력시험 JLPT는 1984년부터 일본 국내 및 해외에서 일본어를 모국어로 하지 않는 사람을 대상으로 일본어 능력을 측정하고 인정함을 목적으로 실시하는 시험으로, 첫 해의 수험자 수는 7,000여명 정도에 불과하였으나 수험자의 수는 급격히 증가하여 2009년에는 전세계 54개국 175개 도시 77만 여명의 수험자를 배출한 세계 최대 규모의 일본어 시험으로 발전하였습니다. 일본 정부가 공인하는 세계 유일의 일본어 시험인 만큼 일본의 대학입학 및, 국내 대학교의 일본어과 입시 전형, 공무원 시험 가산점 적용, 기업의 채용 및 인사와 관련하여 일본어 능력에 대한 평가 자료로 유용하게 활용되고 있습니다.

　　2010년부터는 수험자와 수험목적의 변화에 발맞추어 지난 20여년간의 축적된 시험결과 데이터와 시험에 관한 요망을 바탕으로 새로운 〈일본어능력시험 = 新JLPT〉를 실시하게 되었습니다.

　　지피지기면 백전백승이라는 말의 뜻처럼 개정된 新JLPT의 개정 포인트를 공략할 수 있다면 수험자는 합격까지의 8부 능선은 넘었다고 생각됩니다. 新시험의 개정 포인트는 첫째 '과제수행을 위한 언어소통 능력'의 측정을 목표로 이를 '언어지식', '독해', '청해'의 세 가지로 구분하여 측정합니다. 둘째, 시험 레벨을 기존의 4단계(1급, 2급, 3급, 4급)에서 5단계(N1, N2, N3, N4, N5)로 단계를 조정하였습니다. 특히 크게 달라진 점은 기존의 2급과 3급 사이에 N3 레벨이 신설되었다는 점입니다. 셋째, 합격여부와 관련하여 종합득점과 각 득점 구분의 기준점을 근거로 합격/불합격 판정을 내린다는 점입니다. 즉 종합점수가 합격점수 이상일지라도 한과목이라도 과목별로 부여된 최저점(기준점)에 도달하지 못하면 과락이 되어 불합격하게 된다는 것입니다.

　　이에 본 『新 일본어능력시험 이거 하나면 끝! N3 (문자·어휘)』에서는 개정되는 포인트를 공략할 수 있도록 新시험 문자·어휘에서 도입된 문제 유형을 철저히 분석하여 新JLPT와 같은 문제형식, 실제 시험과 같은 문항 수로 구성하여 시험에 대한 적응 능력을 최대치로 키우고자 하였으며, 학습자의 편의를 도모하고자 매회 중요 단어들을 품사별로 정리하여 어휘력 향상에 도움을 주고자 하였습니다. 또한 N3 학습자의 일본어 능력을 고려하여 1부에서는 기존의 3급 기출단어를 중심으로 간과할 수 있는 기본 어휘를 다질 수 있도록 모의고사 3회분을 제공, 2부에서는 기존 2급 기출 단어를 중심으로 필수 어휘를 공략할 수 있도록 모의고사 5회분을 제공하였습니다. 3부에서는 출제 예상 단어를 중심으로 고득점 획득을 위한 최종 점검용으로 모의고사 10회분을 제공하였습니다.

　　본 교재를 통해 일본어 학습자들이 일본어 문자·어휘의 기초 실력을 확실하게 다짐과 동시에 어휘력을 신장시키는 계기가 되었으면 하며, 상위 레벨로의 도약에 본 교재가 발판이 될 수 있기를 간절히 기원하는 바입니다.

저자

차례

Contents

이 책의 구성

1. 新일본어능력시험에 대해서

2010년부터 새롭게 바뀐 新일본어능력시험의 개정 포인트, 시험 과목과 시험 시간, 시험 결과, 자주 하는 질문 등과 N3 문자 · 어휘 문제의 구성을 한 눈에 알기 쉽게 정리하였습니다.

2. 문자 · 어휘 문제 경향 및 분석

N3 문자 · 어휘의 '한자 읽기', '한자 쓰기', '문맥 규정', '유사 표현 바꾸기', '용법 찾기'의 5개의 각 파트별 문제 유형을 정확하게 분석하고 예시 문제를 통해 문제에 대한 전반적인 이해와 문제 풀이 요령을 익힐 수 있습니다.

3. 기출 핵심 단어(1~18)

'3급 기출 단어를 중심으로 新일본어 능력시험 기본기 쌓기', '2급 기출 단어를 중심으로 新일본어 능력시험 기본기 쌓기', '출제 예상 단어를 중심으로 新일본어 능력시험 고득점 획득하기'의 세 파트로 나눠 新일본어 능력시험 문자 · 어휘에 출제 될 예상 단어를 확실하게 학습할 수 있도록 하였습니다. 왼쪽의 네모 박스에 외운 단어와 외워야 할 단어를 체크 하면서 학습하세요.

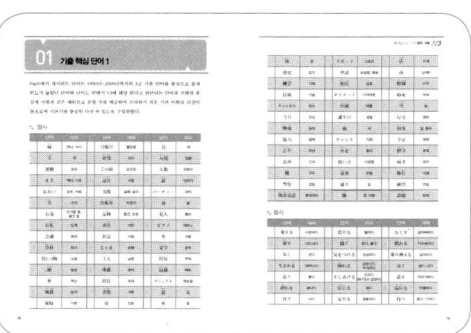

4. 실전 모의테스트(총 18회분)

앞에서 학습한 기출 핵심 단어에서 나온 단어가 들어있는 실제 시험과 동일한 형식의 실전 모의테스트를 통해, 학습한 것을 다시 한 번 확인하고 실제 시험에 대비하여 연습 할 수 있습니다.

5. 시험에 강해지는 TIP, 실전 모의테스트 문제 정답 및 해석

각 회의 실전 모의테스트 뒤에 있는 '시험에 강해지는 Tip'에 수험자들이 틀리기 쉬운 한자와 시험에 자주 나오는 한자가 예시 단어와 함께 정리되어 있어 실력 향상에 도움이 됩니다.

책의 뒷부분에는 정답표와 문제 해석이 들어 있어 문제의 내용을 정확하게 확인할 수 있습니다.

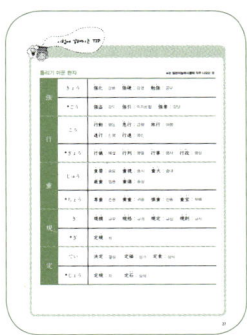
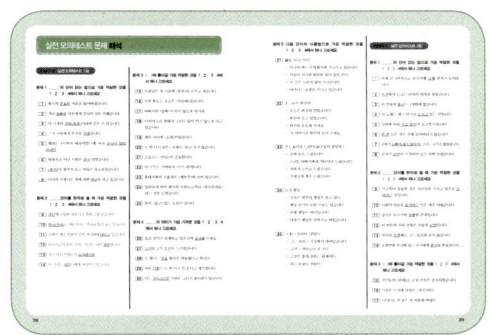

新일본어능력시험에 대해서

* 개정 포인트

1. 레벨이 4단계에서 5단계로 늘어났습니다.

레벨이 기존 시험의 4단계(1급, 2급, 3급, 4급)에서 5단계(N1, N2, N3, N4, N5)로 되었습니다. 新일본어능력시험의 레벨과 기존 시험의 급의 대응은 아래와 같습니다.

N1	기존 시험의 1급보다 약간 높은 수준입니다. 합격선은 기존 시험과 거의 같습니다. 폭넓은 장면에서 사용되는 일본어를 거의 이해할 수 있어야 합니다.
N2	기존 시험의 2급과 거의 같은 수준입니다. 일상적인 장면에서 사용되는 일본어의 이해를 넘어서 더 폭넓은 장면에서 사용되는 일본어를 어느 정도 이해할 수 있어야 합니다.
N3	기존 시험의 2급과 3급의 사이의 수준입니다. 일상적인 장면에서 사용되는 일본어를 어느 정도 이해할 수 있어야 합니다.(신설)
N4	기존 시험의 3급과 거의 같은 수준입니다. 기본적인 일본어를 거의 이해할 수 있어야 합니다.
N5	기존 시험의 4급과 거의 같은 수준입니다. 기본적인 일본어를 어느 정도 이해할 수 있어야 합니다.

*「N」은「Nihongo(일본어)」「New(새롭다)」를 나타냅니다.

2. 합격점 이상만 받으면 합격이었던 기존의 방식과 달리 시험 난이도에 따라 합격점 기준이 변하는 상대평가 방식으로 바뀌었습니다.

3. 청해의 비중이 기존 1/4에서 1/3로 높아졌습니다.

4. 과목별 낙제점이 신설되어, 각 과목의 득점 구분에서 기준점 이상을 받아야 합격입니다.

＊ 시험 과목과 시험 시간

각 레벨의 시험 과목과 시험 시간은 아래와 같습니다.

레벨	시험 과목(시험 시간)		
N1	언어지식(문자 · 어휘, 문법), 독해 (110분)		청해 (60분)
N2	언어지식(문자 · 어휘, 문법), 독해 (105분)		청해 (50분)
N3	언어지식(문자 · 어휘) (30분)	언어지식(문법), 독해 (70분)	청해 (40분)
N4	언어지식(문자 · 어휘) (30분)	언어지식(문법), 독해 (60분)	청해 (35분)
N5	언어지식(문자 · 어휘) (25분)	언어지식(문법), 독해 (50분)	청해 (30분)

＊ 시험 시간은 변경되는 경우가 있습니다. 또 청해는 시험문제 녹음의 길이에 따라 시험 시간이 다소 바뀝니다.

N1과 N2의 시험과목은 ①언어지식(문자 · 어휘, 문법), 독해, ②청해의 두 과목입니다. N3, N4, N5의 시험과목은 ①언어지식(문자 · 어휘), ②언어지식(문법), 독해, ③청해의 세 과목입니다.

＊ N3 문자 · 어휘 문제의 구성

큰 문제	예상 문항 수		문제의 내용 및 과제 목표
문제 1	8	한자 읽기	밑줄 친 부분의 한자를 보고 선택지에서 올바른 한자 읽는 법을 고르기
문제 2	6	한자 쓰기	히라가나로 제시되어 있는 단어를 보고 올바른 한자 고르기
문제 3	11	문맥 규정	제시된 문장을 보고 문맥에 맞는 적절한 어휘 고르기
문제 4	5	유사 표현 바꾸기	주어진 어휘와 가장 비슷한 의미의 어휘 고르기
문제 5	5	용법 찾기	제시된 어휘의 의미가 문장안에서 올바르게 쓰인 문장 고르기

* 시험 결과

(1) 시험 결과의 표시

각 레벨의 득점 구분과 득점의 범위는 아래와 같습니다.

레벨	득점구분	득점범위
N1	언어지식(문자 · 어휘, 문법)	0~60
	독해	0~60
	청해	0~60
	종합득점	0~180
N2	언어지식(문자 · 어휘, 문법)	0~60
	독해	0~60
	청해	0~60
	종합득점	0~180
N3	언어지식(문자 · 어휘, 문법)	0~60
	독해	0~60
	청해	0~60
	종합득점	0~180
N4	언어지식(문자 · 어휘, 문법), 독해	0~120
	청해	0~60
	종합득점	0~180
N5	언어지식(문자 · 어휘, 문법), 독해	0~120
	청해	0~60
	종합득점	0~180

N1, N2, N3의 득점 구분은 ①언어지식(문자 · 어휘, 문법), ②독해, ③청해의 3구분입니다.
N4, N5의 득점 구분은 ①언어지식(문자 · 어휘, 문법), 독해, ②청해의 2구분입니다.

* 자주 하는 질문

Q1 시험은 1년에 몇 번 실시됩니까?

A1 7월과 12월 두 번입니다. 다만, 외국에서는 7월 시험을 실시하지 않는 나라나 지역이 있습니다. 자세한 것은 국제교류기금의 웹사이트(www.jlpt.jp)에 게재합니다.

Q2 시험일은 정해져 있습니까?

A2 보통 7월과 12월의 첫째 주 일요일에 실시합니다.

Q3 향후, 시험 정보는 어디서 알 수 있습니까?

A3 일본어능력시험 웹사이트에서 수시로 갱신하기 때문에 www.jlpt.or.kr에 게재되는 내용을 참조해 주세요.

* 일본어능력시험 관할 지역

서울권(경기 · 대전 · 강원 · 충청 · 호남) : 일본어능력시험 서울 실시위원회
(02-723-8487)

부산권(영남 · 대구 · 울산) : (사) 부산 한일문화교류협회
(051-465-7323)

제주권 : 제주도 한일친선협회(064-757-2164~6)

N3 문자 · 어휘 문제 경향 및 분석

문제 1 　한자 읽기 (8문항)

'한자 읽기' 문제는 학습자가 어느 정도의 한자를 알고 있는지를 테스트하기 위한 문제로, 밑줄 친 부분의 한자를 보고, 선택지에서 올바른 読み方를 찾아내는 문제이다.

한자 읽기 문제 유형 분석

기존 능력시험 3급	新일본어 능력시험 N3
55문항 中 20문항 출제	**35문항 中 8문항 출제**
기존 시험에서는 한 문장 안에서 복수의 한자 읽기 문제가 출제되었다.	개정된 시험에서는 한 문장에 하나의 문제만을 묻는 형식으로 변경되었다.
품사별로는 명사, 동사, い형용사, な형용사, 나머지 품사 순으로 출제 되었다.	개정된 시험 또한 명사, 동사, 형용사 순으로 출제되었다.
전체 20문항 중 평균적으로 음독(7~8문항), 훈독(12~13문항)이 출제되었다.	개정 첫 시험(2010.07)에서 전체 8문항 중 음독(5문항) 훈독(3문항)이 출제되었으며 절반 정도의 비율로 출제될 것으로 예상된다.

한자읽기 문제 유형

問題1 ＿＿＿＿＿のことばの読み方として最もよいものを、1·2·3·4から一つえらびなさい。

彼女は去年日本へ行く予定でした。

1　さくねん　　　2　ことし　　　3　きょねん　　　4　きょうねん

정답 : 3

'한자 쓰기' 문제는 히라가나로 제시되어 있는 단어를 한자로 쓸 수 있는지를 테스트하기 위한 문제이다.

한자 쓰기 문제 유형 분석

기존 능력시험 3급		新일본어 능력시험 N3
55문항 中 15문항 출제		35문항 中 6문항 출제
기존 시험에서는 한 문장 안에서 복수의 한자 쓰기를 묻는 문제가 출제되었다.	→	개정된 시험에서는 한 문장에 하나의 문제만을 묻는 형식으로 변경되었다.
품사별로는 명사, 동사, 형용사, 나머지 품사 순으로 출제 되었다.		개정된 시험 또한 명사, 동사, 형용사 순으로 출제되었다.

한자쓰기 문제 유형

問題 2 ＿＿＿＿ のことばを漢字で書くとき、最もよいものを、1・2・3・4から一つえらびなさい。

当社の新製品についてご<u>あんない</u>いたします。

1 安内   2 案内   3 按内   4 暗内

정답 : 2

문맥 규정 (11문항)

> '문맥 규정' 문제는, 제시된 한 문장 또는 두 문장 정도의 문맥을 보고 빈칸에 적합한 단어를 넣는 의미파악 문제로, 명사, 동사, 부사, な형용사, い형용사, 가타카나, 접속사 등의 순서로 출제되었다.

문맥 규정 문제 유형 분석

기존 능력시험 3급	新일본어 능력시험 N3
55문항 中 15문항 출제	**35문항 中 11문항 출제**
품사별로는 명사, 동사, 부사, な형용사, い형용사, 가타카나, 접속사 순으로 출제 되었다.	개정된 시험에서는 명사, 동사, 가타카나, 부사, 접두어(접미어) 순으로 출제되었다.
기존 시험에서는 접두어, 접미어 문제보다는 하나의 단어를 묻는 문제가 위주로 출제되었다.	개정된 시험(2010.07)(2010.12)에서는 접두어, 접미어 문제가 각각 1문항씩 출제되었다.

문맥 규정 문제 유형

問題 3 (　　　　) に入れるのに最もよいものを、1・2・3・4 から一つえらびなさい。

今年の冬にはセーターを (　　　　) と思います。

1 編もう　　　2 飲もう　　　3 噛もう　　　4 働こう

정답 : 1

문제 4	유사 표현 바꾸기 (5문항)

'유사 표현 바꾸기' 문제는 단문의 문장 속에 제시되어 있는 밑줄 친 어휘와 가장 비슷한 표현을 찾아내는 문제로 평소에 단어 공부를 할 때 해당 단어가 가지고 있는 여러 가지 의미 및 유사 표현을 같이 학습하는 습관을 기르는 것이 문제 해결의 핵심이라 할 수 있다.

유사 표현 바꾸기 문제 유형 분석

기존 능력시험 3급	新일본어 능력시험 N3
3급에서는 출제되지 않았음	**35문항 中 5문항 출제**
기존의 능력시험 2급에서 출제되던 패턴으로 문맥을 통해 전체적인 의미를 이해하면 정답을 찾을 수 있었다.	기존의 3급에서는 출제 되지 않았던 새롭게 신설된 문제이므로 학습자가 평상시 단어를 공부할 때 단어가 가지고 있는 여러 가지 의미와 유사 표현도 같이 학습할 것을 권장한다.
품사별로는 명사, 동사, 형용사, 나머지 품사 순으로 출제되었다.	개정된 시험(2010.07)(2010.12)에서 또한 명사, 동사, 형용사 순으로 출제되었다.

유사 표현 바꾸기 문제 유형

問題 4 ＿＿＿＿ に意味が最も近いものを、1·2·3·4から一つえらびなさい。

そんなことを言ったら、彼が怒るのも<u>当然</u>だ。

1 当たり前だ　　　　2 嘘じゃない

3 慣れている　　　　4 好きになる

정답 : 1

문제 5 ## 용법 찾기 (5문항)

'용법 찾기' 문제는 제시된 단어의 의미 및 용법에 관한 지식을 테스트하는 문제로, 제시된 단어의 의미나, 제시된 단어가 문장 안에서 어떻게 쓰이고 있는지를 묻는 문제이다. 다시 말하면, 제시된 단어의 의미가 무엇이며, 단어의 품사가 무엇인지, 그 단어가 문장 안에서 어떠한 단어와 함께 쓰일 수 있는지를 파악하는 것이 핵심이라 할 수 있겠다.

용법 찾기 문제 유형 분석

기존 능력시험 3급	新일본어 능력시험 N3
55문항 中 5문항 출제	**35문항 中 5문항 출제**
2000년도부터 새로 생긴 유형으로 5문항씩 출제되었다.	기존의 3급에서와 같이 N3에서도 5문항이 출제된다.
품사별로는 부사가 가장 많았으며, 명사, 형용사, 동사, 외래어, 연체사, 접속사, 기능어 순으로 출제되었다.	개정된 시험(2010.07)(2010.12)에서는 명사, 동사, 형용사, 부사, 외래어 순으로 출제되었다.

용법 찾기 문제 유형

問題 5 つぎのことばの使い方として最もよいものを、1・2・3・4 から一つえらびなさい。

落ち着く

1 最近、いやなことがあって落ち着いています。

2 私のニックネームは落ち着いてしまったようです。

3 テストに落ち着いてしまった。

4 彼女と話していると落ち着くんです。

정답 : 4

Part **1**

N3 문자 · 어휘

총 3회분

3급 기출 단어를 중심으로
新일본어 능력시험
기본기 쌓기

01 기출 핵심 단어 1

Part1에서 제시되는 단어는 1990년~2009년까지의 3급 기출 단어를 중심으로 출제 빈도가 높았던 단어와 난이도 면에서 N3에 해당 된다고 판단되는 단어를 선별한 후 실제 시험과 같은 패턴으로 문항 수를 제공하며 간과하기 쉬운 기본 어휘를 되짚어 봄으로써 기본기를 충실히 다질 수 있도록 구성하였다.

∷ 명사

	단어	의미		단어	의미		단어	의미
☐	姉 あね	언니, 누나	☐	月曜日 げつようび	월요일	☐	鳥 とり	새
☐	犬 いぬ	개	☐	研究 けんきゅう	연구	☐	入院 にゅういん	입원
☐	運動 うんどう	운동	☐	この頃 ごろ	요즈음	☐	人数 にんずう	인원수
☐	えさ	먹이, 사료	☐	試合 しあい	시합	☐	話 はなし	이야기
☐	お互い たが	상호, 서로	☐	失敗 しっぱい	실패, 실수	☐	パーティー	파티
☐	音 おと	소리	☐	自転車 じてんしゃ	자전거	☐	春 はる	봄
☐	お湯 ゆ	뜨거운 물, 끓인 물	☐	品物 しなもの	물건, 상품	☐	犯人 はんにん	범인
☐	お礼 れい	답례	☐	市民 しみん	시민	☐	ピアノ	피아노
☐	会議 かいぎ	회의	☐	社長 しゃちょう	사장	☐	冬 ふゆ	겨울
☐	会社 かいしゃ	회사	☐	じゃま	방해	☐	文学 ぶんがく	문학
☐	買(い)物 か もの	쇼핑	☐	主人 しゅじん	남편	☐	貿易 ぼうえき	무역
☐	顔 かお	얼굴	☐	準備 じゅんび	준비	☐	毎週 まいしゅう	매주
☐	傘 かさ	우산	☐	招待 しょうたい	초대	☐	マニュアル	매뉴얼
☐	風邪 かぜ	감기	☐	書類 しょるい	서류	☐	道 みち	길
☐	家庭 かてい	가정	☐	姿 すがた	모습	☐	水 みず	물

	단어	의미		단어	의미		단어	의미
☐	体 からだ	몸	☐	スポーツ	스포츠	☐	店 みせ	가게
☐	感覚 かんかく	감각	☐	世話 せわ	보살핌, 돌봄	☐	南 みなみ	남(쪽)
☐	機会 きかい	기회	☐	相互 そうご	상호	☐	野球 やきゅう	야구
☐	技術 ぎじゅつ	기술	☐	ダイエット	다이어트	☐	約束 やくそく	약속
☐	キャンセル	취소	☐	台風 たいふう	태풍	☐	雪 ゆき	눈
☐	今日 きょう	오늘	☐	誕生日 たんじょうび	생일	☐	行方 ゆくえ	행방
☐	興味 きょうみ	흥미	☐	血 ち	피	☐	用事 ようじ	일, 용무
☐	協力 きょうりょく	협력	☐	チャンス	기회	☐	予定 よてい	예정
☐	去年 きょねん	작년	☐	中止 ちゅうし	중지	☐	留学 りゅうがく	유학
☐	近所 きんじょ	근처	☐	使い方 つかいかた	사용법	☐	両者 りょうしゃ	양자
☐	靴 くつ	구두	☐	電車 でんしゃ	전철	☐	旅行 りょこう	여행
☐	警察 けいさつ	경찰	☐	通り とお	길	☐	練習 れんしゅう	연습
☐	携帯電話 けいたいでんわ	휴대전화	☐	隣 となり	옆, 이웃	☐	話題 わだい	화제

:: 동사

	단어	의미		단어	의미		단어	의미
☐	愛する あい	사랑하다	☐	借りる か	빌리다	☐	なくす	잃어버리다
☐	現す あらわ	나타내다	☐	聞く き	듣다, 묻다	☐	慣れる な	익숙해지다
☐	歩く ある	걷다	☐	気をつける き	조심하다	☐	乗り換える の か	갈아타다
☐	生まれる う	태어나다	☐	壊れる こわ	고장나다, 부서지다	☐	はく	입다, 신다
☐	追う お	쫓다	☐	さしあげる	드리다 (あげる의 겸양어)	☐	話す はな	이야기하다
☐	終わる お	끝나다	☐	信じる しん	믿다	☐	流行る はや	유행하다
☐	買う か	사다	☐	足りる た	충분하다	☐	持つ も	들다, 가지다

	단어	의미		단어	의미		단어	의미
☐	変^かえる	바꾸다	☐	注意^{ちゅうい}する	주의하다	☐	休^{やす}む	쉬다
☐	書^かく	쓰다	☐	できる	할 수 있다	☐	沸^わく	끓다
☐	通^{かよ}う	다니다	☐	通^{とお}る	통과하다, 지나가다	☐	忘^{わす}れる	잊다

∴ 형용사

	단어	의미		단어	의미		단어	의미
☐	暖^{あたた}かい	따뜻하다	☐	おしゃべりだ	수다스럽다	☐	好^すきだ	좋아하다
☐	新^{あたら}しい	새롭다	☐	同^{おな}じだ	똑같다	☐	大事^{だいじ}だ	중요하다
☐	痛^{いた}い	아프다	☐	軽^{かる}い	가볍다	☐	大切^{たいせつ}だ	중요하다
☐	うまい	잘하다, 맛있다	☐	十分^{じゅうぶん}だ	충분하다	☐	鈍^{にぶ}い	둔하다

∴ 나머지 품사

	단어	의미		단어	의미		단어	의미
☐	あまり	그다지, 별로	☐	～すぎる	너무 ~하다	☐	ちょうど	정확히, 딱, 정각
☐	いよいよ	마침내, 드디어	☐	少^{すこ}し	조금	☐	とうとう	마침내, 드디어
☐	おだいじに	몸 건강하시길	☐	すっかり	완전히	☐	二度^{にど}と	두번 다시

問題1 ＿＿＿のことばの読み方として最もよいものを、1・2・3・4から一つえらびなさい。

1 会社の大事な書類をなくしました。

    1 だいぶ   2 たいせつ   3 だいこん   4 だいじ

2 犬の世話をしてくれた隣の人にお礼を言いました。

    1 せかい   2 せけん   3 せんべい   4 せわ

3 この店の品物なら信じることができます。

    1 ひんもの   2 ひんぶつ   3 しなもの   4 しなぶつ

4 近所の人に傘を借りました。

    1 つくり   2 すべり   3 いり   4 かり

5 会議は3時までの予定でしたが、まだ終わりません。

    1 おわりません   2 かわりません   3 さわりません   4 すわりません

6 台風で野球の試合は中止になりました。

    1 ちゅうい   2 ちゅうがく   3 ちゅうもん   4 ちゅうし

7 用事ができたので今日の約束はキャンセルします。

    1 ようい   2 ようじ   3 ようやく   4 ようこと

8 田中先生は鳥の研究をしています。

    1 けんしゅう   2 けんきゅう   3 けんしょう   4 けんこう

問題2 ＿＿＿のことばを漢字で書くとき、最もよいものを、1·2·3·4から一つえらびなさい。

9 きょねん買った自転車がもう壊れました。

    1 一昨年   2 去年   3 来年   4 今年

10 あねはどこか痛そうな顔をしています。

    1 妹   2 弟   3 姉   4 娘

11 主人は毎週月曜日に文学の研究会にかよっています。

    1 通って   2 待って   3 使って   4 走って

12 アメリカへの留学の準備は、これだけすればじゅうぶんです。

    1 十分   2 住分   3 中分   4 重分

13 今、ちょうど人数がたりません。

    1 走りません   2 出りません   3 降りません   4 足りません

14 この通りはしみんたちに愛されています。

    1 国民   2 市民   3 住民   4 人民

問題3 （　　　）に入れるのに最もよいものを、1・2・3・4から一つえらびなさい。

15　社長は新しい技術に（　　　）を持っています。

　　1　興味　　　　　2　関係　　　　　3　競争　　　　　4　生産

16　電車の乗り換えも少しは（　　　）ました。

　　1　慣れ　　　　　2　恐れ　　　　　3　作れ　　　　　4　入れ

17　お父さんの（　　　）にならないようにしなさい。

　　1　たのしみ　　　2　ひま　　　　　3　じゃま　　　　4　べんり

18　ダイエットのために（　　　）食べすぎないようにしています。

　　1　はやく　　　　2　たまに　　　　3　遅くに　　　　4　あまり

19　誕生日のパーティーに（　　　）されました。

　　1　挨拶　　　　　2　勉強　　　　　3　招待　　　　　4　紹介

20　二度と同じ（　　　）はしたくないです。

　　1　相談　　　　　2　失敗　　　　　3　成功　　　　　4　放送

21　スポーツは（　　　）することが大切です。

　　1　練習　　　　　2　出席　　　　　3　予定　　　　　4　予習

22　この靴は軽くて（　　　）です。

　　1　きやすい　　　2　かけやすい　　3　つけやすい　　4　はきやすい

23　携帯電話の使い方は（　　　）に書いてあります。

　　1　クラシック　　2　マニュアル　　3　レンタル　　　4　リサイクル

23

24 入院することになり、会社のみんなから（　　　　）と言われました。

1　おはよう　　　　2　おだいじに　　　3　おやすみ　　　4　おかえり

25 お湯が（　　　　）いる音がします。

1　沸いて　　　　　2　落として　　　　3　出して　　　　4　消えて

問題 4 ＿＿＿＿ に意味が最も近いものを、1・2・3・4から一つえらびなさい。

26 このごろ風邪が流行っているので体に気をつけてください。

1　注文して　　　　2　質問して　　　　3　注意して　　　4　意味して

27 いよいよ彼が姿を現しました。

1　もうすぐ　　　　2　急に　　　　　　3　ときどき　　　4　とうとう

28 両社は相互の協力を約束したそうです。

1　ほか　　　　　　2　おたがい　　　　3　じぶん　　　　4　となり

29 こんな機会は二度とないと思います。

1　キャンセル　　　2　サンプル　　　　3　ネクタイ　　　4　チャンス

30 私はおしゃべりな人はあまり好きではありません。

1　よく食べる　　　2　よく行く　　　　3　よく見る　　　4　よく話す

問題5　つぎのことばの使い方として最もよいものを、1・2・3・4から一つえらびなさい。

31　とおる

　　1　田中さんは貿易会社にとおっています。
　　2　冬がとおるとあたたかい春がやってくる。
　　3　この道は人がたくさんとおります。
　　4　母は買い物にとおっています。

32　すっかり

　　1　今日はすっかり歩きました。
　　2　すっかり忘れていました。
　　3　すっかり運動してください。
　　4　私の話をすっかり聞いてください。

33　さしあげる

　　1　花に水をさしあげました。
　　2　父にネクタイをさしあげました。
　　3　鳥にえさをさしあげました。
　　4　先生に本をさしあげました。

34 行方

　1　警察は犯人の行方を追っている。

　2　行方感覚が鈍い人もいます。

　3　旅行の行方はどこですか。

　4　台風は行方を南に変えました。

35 うまい

　1　彼はうまい家庭にうまれた。

　2　彼女はピアノがうまい。

　3　それは興味うまい話題である。

　4　血は水よりうまい。

틀리기 쉬운 한자

★는 일본어능력시험에 자주 나오는 것

強	きょう	強化 きょう か：강화	強硬 きょうこう：강경	勉強 べんきょう：공부	
	★ごう	強盗 ごうとう：강도	強引 ごういん：억지로함	強奪 ごうだつ：강탈	
行	こう	行動 こうどう：행동　急行 きゅうこう：급행　旅行 りょこう：여행 進行 しんこう：진행　行進 こうしん：행진			
	★ぎょう	行儀 ぎょう ぎ：예절	行列 ぎょうれつ：행렬	行事 ぎょう じ：행사	行政 ぎょうせい：행정
重	じゅう	重要 じゅうよう：중요　重視 じゅう し：중시　重大 じゅうだい：중대 厳重 げんじゅう：엄중　重傷 じゅうしょう：중상			
	★ちょう	尊重 そんちょう：존중	貴重 き ちょう：귀중	慎重 しんちょう：신중	重宝 ちょうほう：보배
規	き	規模 き ぼ：규모	規格 き かく：규격	規定 き てい：규정	規則 き そく：규칙
	★ぎ	定規 じょう ぎ：자			
定	てい	決定 けってい：결정	定価 てい か：정가	定食 ていしょく：정식	
	★じょう	定規 じょう ぎ：자	定石 じょうせき：정석		

명사

	단어	의미		단어	의미		단어	의미
☐	アイデア	아이디어	☐	公演 (こうえん)	공연	☐	手 (て)	손
☐	秋 (あき)	가을	☐	工業 (こうぎょう)	공업	☐	手紙 (てがみ)	편지
☐	案 (あん)	생각, 안	☐	工場 (こうじょう)	공장	☐	出口 (でぐち)	출구
☐	椅子 (いす)	의자	☐	公務員 (こうむいん)	공무원	☐	テスト	시험
☐	一度 (いちど)	한번	☐	心 (こころ)	마음	☐	テレビ	텔레비전
☐	意味 (いみ)	의미	☐	故障 (こしょう)	고장	☐	天気 (てんき)	날씨
☐	歌 (うた)	노래	☐	今年 (ことし)	올해	☐	読書 (どくしょ)	독서
☐	エスカレーター	에스컬레이터	☐	言葉 (ことば)	단어, 말	☐	ところ	점, 곳
☐	遠足 (えんそく)	소풍	☐	子供 (こども)	어린이	☐	友達 (ともだち)	친구
☐	鉛筆 (えんぴつ)	연필	☐	再開 (さいかい)	재개	☐	名前 (なまえ)	이름
☐	大阪 (おおさか)	오사카	☐	最近 (さいきん)	최근, 요즘	☐	人気 (にんき)	인기
☐	お宅 (おたく)	댁	☐	財布 (さいふ)	지갑	☐	母親 (ははおや)	엄마
☐	夫 (おっと)	남편	☐	産業 (さんぎょう)	산업	☐	〜番線 (ばんせん)	~번선 (선로번호)
☐	お土産 (みやげ)	선물	☐	サンダル	샌들	☐	反対 (はんたい)	반대
☐	外国 (がいこく)	외국	☐	試験 (しけん)	시험	☐	病気 (びょうき)	병
☐	かばん	가방	☐	辞書 (じしょ)	사전	☐	部屋 (へや)	방
☐	神 (かみ)	신	☐	自信 (じしん)	자신	☐	勉強 (べんきょう)	공부
☐	考え方 (かんがえかた)	사고방식	☐	自動車 (じどうしゃ)	자동차	☐	返事 (へんじ)	답장

28

	단어	의미		단어	의미		단어	의미
☐	漢字	한자	☐	住民	주민	☐	貿易	무역
☐	季節	계절	☐	スープ	수프	☐	毎日	매일
☐	規則	규칙	☐	性格	성격	☐	町	마을, 시내, 거리
☐	期待	기대	☐	説明	설명	☐	みんな	모두
☐	昨日	어제	☐	存在	존재	☐	無料	무료
☐	急行	급행	☐	建物	건물	☐	問題	문제
☐	曲	곡, 음악	☐	暖房	난방	☐	～行き	~행
☐	クッキー	쿠키	☐	父親	아버지	☐	夜	밤
☐	建設	건설	☐	中国	중국	☐	両親	부모님

•. 동사

	단어	의미		단어	의미		단어	의미
☐	遊ぶ	놀다	☐	聞こえる	들리다	☐	似る	닮다
☐	集める	모으다	☐	調べる	조사하다	☐	寝る	자다, 눕다
☐	祈る	빌다, 기원하다	☐	進む	나아가다	☐	始まる	시작되다
☐	要る	필요하다	☐	出す	보내다, 내다	☐	びっくりする	깜짝 놀라다
☐	浮かぶ	뜨다	☐	頼む	부탁하다	☐	拾う	줍다
☐	受ける	(시험)치르다, 받다	☐	違う	다르다	☐	参る	가다, 오다 (行く·来る의 겸양어)
☐	動かす	움직이다	☐	疲れる	피곤하다	☐	辞める	그만두다
☐	選ぶ	선택하다	☐	つける	켜다, 붙이다	☐	呼ぶ	부르다
☐	考える	생각하다	☐	出かける	외출하다	☐	分かる	알다

⠶ 형용사

	단어	의미		단어	의미		단어	의미
☐	危ない	위험하다	☐	正しい	올바르다	☐	広い	넓다
☐	危険だ	위험하다	☐	特別だ	특별하다	☐	優しい	상냥하다
☐	黒い	검다	☐	熱心だ	열심히 하다	☐	やわらかい	부드럽다
☐	そっくりだ	꼭 닮았다	☐	ふさわしい	어울리다	☐	悪い	나쁘다

⠶ 나머지 품사

	단어	의미		단어	의미		단어	의미
☐	いかがですか	어떻습니까?	☐	～ずつ	~씩	☐	まず	우선
☐	いきなり	갑자기	☐	絶対	절대	☐	まだ	아직
☐	いくら～ても	아무리~해도	☐	たくさん	많음, 많이	☐	または	또는
☐	主な	주된	☐	突然	갑자기, 돌연	☐	まもなく	머지않아, 곧
☐	一番	가장, 제일	☐	とても	매우, 대단히	☐	もっと	더, 좀 더
☐	これから	앞으로	☐	～によって	~에 따라, ~의해	☐	最も	가장
☐	～しか	~밖에	☐	久しぶり	오래간만	☐	～ようだ	~도록

問題1 ＿＿＿のことばの読み方として最もよいものを、1・2・3・4から一つえらびなさい。

1 まもなく３番線に大阪行きの急行がまいります。

　　1 きゅうこう　　　2 こうつう　　　　3 きゅうきゅう　　　4 こうきゅう

2 辞書でわからない言葉の意味を調べました。

　　1 じてん　　　　2 じむ　　　　　3 じしょ　　　　4 じかん

3 この建物の出口は３つしかありません。

　　1 だぐち　　　　2 でぐち　　　　3 だくう　　　　4 でくう

4 この歌は最近人気を集めている曲です。

　　1 あるめて　　　2 しゅうめて　　　3 すすめて　　　4 あつめて

5 人によって考え方が少しずつ違います。

　　1 かんがえがた　　2 おもえかた　　　3 かんがえかた　　4 みえかた

6 一度聞いたことは絶対忘れません。

　　1 いちまん　　　2 いちど　　　　3 いちばん　　　4 いちどう

7 天気が悪かったので彼女は出かけませんでした。

　　1 こわかった　　　2 わかった　　　3 わるかった　　　4 よかった

8 いきなり公演が始まってみんなびっくりしました。

　　1 ごうかく　　　2 きょういん　　　3 きょうそう　　　4 こうえん

問題2 ＿＿＿のことばを漢字で書くとき、最もよいものを、1・2・3・4 から一つえらびなさい。

9 これから大事なのは自信を持って前に<u>すすむ</u>ことです。

1 盗む 　　　　 2 飲む 　　　　 3 進む 　　　　 4 頼む

10 人の心を<u>うごかす</u>のはとても難しいです。

1 動かす 　　　 2 働かす 　　　 3 移す 　　　　 4 生かす

11 あなたは誰かの<u>とくべつ</u>な存在です。

1 特別 　　　　 2 格別 　　　　 3 差別 　　　　 4 離別

12 この町の主^{おも}な産業は自動車<u>こうぎょう</u>です。

1 卒業 　　　　 2 鉱業 　　　　 3 工業 　　　　 4 授業

13 いくら<u>せつめい</u>しても彼は聞こうとしません。

1 発明 　　　　 2 文明 　　　　 3 使命 　　　　 4 説明

14 久^{ひさ}しぶりに外国の友達に<u>てがみ</u>を出^だしました。

1 手髪 　　　　 2 手紙 　　　　 3 切符 　　　　 4 切手

問題3 (　　　)に入れるのに最もよいものを、1・2・3・4 から一つえらびなさい。

15 住民たちの(　　　　)で工場の建設は中止になりました。
1 賛成　　　　　　2 失礼　　　　　　3 挨拶　　　　　　4 反対

16 秋は読書にふさわしい(　　　)である。
1 試験　　　　　　2 習慣　　　　　　3 季節　　　　　　4 温度

17 (　　　　)をつけたまま出かけてしまった。
1 電話　　　　　　2 暖房　　　　　　3 椅子　　　　　　4 玄関

18 彼女の(　　　　)手が忘れられません。
1 おそい　　　　　2 ひくい　　　　　3 たかい　　　　　4 やわらかい

19 今年、公務員試験を(　　　　)つもりです。
1 見る　　　　　　2 受ける　　　　　3 見せる　　　　　4 もらう

20 子供が(　　　)で遊ばないように、注意してください。
1 ダイエット　　　2 ファッション　　3 コンサート　　　4 エスカレーター

21 父の病気がよくなるように、神に(　　　)ました。
1 住み　　　　　　2 祝い　　　　　　3 祈り　　　　　　4 話し

22 彼女は黒い(　　　)をはいています。
1 サングラス　　　2 ネックレス　　　3 イヤリング　　　4 サンダル

23 ペン(　　　)鉛筆で書くのが規則です。
1 または　　　　　2 次は　　　　　　3 それから　　　　4 まず

24　中国との（　　　　　　）が再開されました。

　　1　生物　　　　　　2　地域　　　　　　3　貿易　　　　　　4　予習

25　（　　　　　　）にクッキーを持って先生のお宅へ行きました。

　　1　お土産　　　　　2　お食事　　　　　3　お弁当　　　　　4　お風呂

問題4　＿＿＿に意味が最も近いものを、1・2・3・4から一つえらびなさい。

26　この道は夜危険です。

　　1　くるしい　　　　2　あぶない　　　　3　かなしい　　　　4　にがい

27　彼はいきなり会社を辞めました。

　　1　突然　　　　　　2　しばしば　　　　3　自然に　　　　　4　たまに

28　みんなで考えれば、いい案が浮かぶかもしれません。

　　1　ヒーター　　　　2　ポスター　　　　3　テント　　　　　4　アイデア

29　この子は父親にそっくりだ。

　　1　よく会っている　2　よく笑っている　3　よく似ている　　4　よく見ている

30　夫の一番いいところはやさしい性格です。

　　1　もっとも　　　　2　もっと　　　　　3　まず　　　　　　4　そして

問題5　つぎのことばの使い方として最もよいものを、1・2・3・4から一つえらびなさい。

31　じゅんび

　　1　寝る前に旅行に行くじゅんびをしました。

　　2　テレビの故障のじゅんびはまだです。

　　3　学生は毎日漢字のじゅんびをします。

　　4　公園の中を犬とじゅんびします。

32　熱心

　　1　疲れていたので熱心に寝ました。

　　2　病気が熱心によくなりました。

　　3　友だちは熱心にテストの勉強をしました。

　　4　このスープは熱心です。

33　ひろう

　　1　この椅子は要らないからひろってください。

　　2　道でさいふをひろいました。

　　3　部屋をひろえば、もっと広くなります。

　　4　かばんをひろって家を出ました。

34 へんじ

1 電話のへんじが聞こえません。

2 この問題の正しいへんじを選びなさい。

3 名前を呼ばれたらへんじをしなさい。

4 両親の期待にへんじなかった。

35 たくさん

1 もうたくさんいかがですか。

2 たくさんの人が集まっています。

3 コーヒーのたくさんは無料です。

4 昨日たくさんで遠足に行きました。

틀리기 쉬운 한자

平	へい	平和: 평화 平気: 태연함 平均: 평균 平日: 평일
	★びょう	平等: 평등
数	すう	数学: 수학 数字: 숫자 算数: 산수 点数: 점수 数日: 수일
	ずう	人数: 인원수
後	ご	午後: 오후 最後: 최후 死後: 사후 前後: 전후
	★こう	後輩: 후배 後悔: 후회 後半: 후반 後進: 후진
作	さく(さっ)	作成: 작성 作品: 작품 作家: 작가 作曲: 작곡
	★さ	作法: 예의범절 作業: 작업 作用: 작용 作動: 작동 操作: 조작 動作: 동작 発作: 발작
極	きょく	極端: 극단 究極: 궁극 両極: 양극 南極: 남극
	ごく	極楽: 극락 極秘: 극비

01 기출 핵심 단어 3

:: 명사

단어	의미	단어	의미	단어	의미
□ 味(あじ)	맛	□ 今月(こんげつ)	이번 달	□ 問(と)い合(あ)わせ	문의
□ 油(あぶら)	기름	□ 財産(ざいさん)	재산	□ 道路(どうろ)	도로
□ アメリカ	미국	□ 座席(ざせき)	좌석	□ ~時(とき)	~때
□ 案内(あんない)	안내	□ 寒(さむ)さ	추위	□ 年中(ねんじゅう)	연중
□ 医者(いしゃ)	의사	□ サンプル	샘플, 견본	□ 農家(のうか)	농가
□ 妹(いもうと)	여동생	□ 仕事(しごと)	일	□ 場所(ばしょ)	장소
□ インスタント	인스턴트, 즉석	□ 質問(しつもん)	질문	□ 発明(はつめい)	발명
□ オイル	기름, 오일	□ 写真(しゃしん)	사진	□ パン	빵
□ お酒(さけ)	술	□ シャワー	샤워	□ 犯人(はんにん)	범인
□ 数(かぞ)え方(かた)	(수) 세는 법	□ 出張(しゅっちょう)	출장	□ ヒーター	히터
□ お茶(ちゃ)	차	□ 食品(しょくひん)	식품	□ 非公式(ひこうしき)	비공식
□ おもちゃ	장난감	□ 女優(じょゆう)	여배우	□ プレゼント	선물
□ 会館(かいかん)	회관	□ 新大陸(しんたいりく)	신대륙	□ 訪問(ほうもん)	방문
□ 会場(かいじょう)	회장	□ 制服(せいふく)	제복, 유니폼	□ 本屋(ほんや)	서점
□ ガソリンスタンド	주유소	□ 世界(せかい)	세계	□ 毎朝(まいあさ)	매일 아침
□ 関係(かんけい)	관계	□ 全部(ぜんぶ)	전부	□ 毎月(まいつき)	매달
□ 教室(きょうしつ)	교실	□ 卒業式(そつぎょうしき)	졸업식	□ 窓(まど)	창문
□ ゲーム	게임	□ ~台(だい)	~대	□ 見本(みほん)	견본

□	結婚 けっこん	결혼	□	地理 ちり	지리	□	無断欠勤 むだんけっきん	무단결근
□	～軒 けん	(건물) ~채	□	店員 てんいん	점원	□	家賃 やちん	집세
□	現場 げんば	현장	□	電気 でんき	전기, 불	□	来週 らいしゅう	다음 주
□	声 こえ	목소리	□	電球 でんきゅう	전구	□	両国 りょうこく	양국

동사

	단어	의미		단어	의미		단어	의미
□	開ける あ	열다	□	お茶を入れる ちゃ い	차를 끓여내다	□	止まる と	멈추다, 서다
□	扱う あつか	취급하다	□	落ちる お	떨어지다	□	撮る と	(사진)찍다
□	失う うしな	잃다	□	風邪をひく か ぜ	감기에 걸리다	□	亡くす な	여의다
□	生まれる う	태어나다	□	決める き	결정하다	□	払う はら	지불하다
□	売れる う	팔리다	□	着る き	입다	□	任せる まか	맡기다
□	遅れる おく	늦다, 지각하다	□	助ける たす	구하다, 살리다	□	間に合う ま あ	시간에 맞추다
□	送る おく	보내다	□	立つ た	서다	□	戻る も	되돌아오다, 되돌아가다
□	行う おこな	시행하다, 거행하다	□	作る つく	만들다	□	許す ゆる	허락하다, 용서하다
□	教える おし	가르치다	□	できる	생기다	□	沸かす わ	끓이다, 데우다

:: 형용사

	단어	의미		단어	의미		단어	의미
□	青い あお	파랗다	□	厳しい きび	혹독하다, 엄하다	□	低い ひく	낮다
□	赤い あか	빨갛다	□	嫌いだ きら	싫어하다	□	ひどい	심하다
□	浅い あさ	(수심)얕다	□	暗い くら	어둡다	□	複雑だ ふくざつ	복잡하다
□	忙しい いそが	바쁘다	□	怖い こわ	무섭다	□	便利だ べんり	편리하다
□	いっぱいだ	가득하다	□	親切だ しんせつ	친절하다	□	まじめだ	성실하다
□	多い おお	많다	□	すてきだ	멋지다, 매력적이다	□	貧しい まず	가난하다
□	幼い おさな	어리다	□	すばらしい	훌륭하다, 멋있다	□	見事だ みごと	훌륭하다, 뛰어나다

:: 나머지 품사

	단어	의미		단어	의미		단어	의미
□	いつも	항상	□	たまに	가끔	□	はじめて	처음으로
□	必ず かなら	반드시	□	ちょっと	조금, 잠깐	□	はっきり	분명히
□	しばらく	잠시, 한동안, 당분간	□	〜という	~라고 하다	□	前から まえ	이전부터
□	すべて	모두	□	どんどん	순조롭게 나가는 모습	□	まず	우선
□	たぶん	아마	□	〜なんて	~라니, ~따위	□	よく	잘

問題 1 _____ のことばの読み方として最もよいものを、1・2・3・4 から一つえらびなさい。

1　窓を開けて寝たら風邪をひいてしまいました。

　　1 あけて　　　　2 かけて　　　　3 うけて　　　　4 たすけて

2　はじめて作ったのですが、味はどうですか。

　　1 あさ　　　　　2 あせ　　　　　3 あし　　　　　4 あじ

3　今日から、お酒をしばらく飲まないよう、医者から注意されました。

　　1 いもの　　　　2 いしゃ　　　　3 いいん　　　　4 いがい

4　前から行きたかった世界旅行に行くことにしました。

　　1 りょうこう　　2 りょこう　　　3 りょきん　　　4 りょうきん

5　赤い車が家の前に止まっています。

　　1 あおい　　　　2 あまい　　　　3 あさい　　　　4 あかい

6　毎朝行く店の店員はとても親切です。

　　1 まいにち　　　2 まいねん　　　3 まいばん　　　4 まいあさ

7　妹は写真をとるのが嫌いです。

　　1 しゃしん　　　2 せつめい　　　3 ざっし　　　　4 ざつおん

8　いつもまじめな彼だから今日も時間に間に合うでしょう。

　　1 げんにあう　　2 あいだにあう　3 まにあう　　　4 かんにあう

問題2 ＿＿＿＿＿のことばを漢字で書くとき、最もよいものを、1·2·3·4 から一つえらびなさい。

9　警察官が<ruby>せいふく<rt>けいさつかん</rt></ruby>を着て立っています。

　　1 製品　　　　　2 製服　　　　　3 制服　　　　　4 制度

10　彼のひくい声はとてもすてきです。

　　1 高い　　　　　2 低い　　　　　3 軽い　　　　　4 重い

11　会場のばしょの問い合わせが多くて忙しいです。

　　1 場所　　　　　2 場面　　　　　3 場合　　　　　4 場広

12　しゃかいに役立つ人になりたいです。

　　1 会社　　　　　2 写真　　　　　3 注射　　　　　4 社会

13　今月は自動車が 20 だい売れました。

　　1 本　　　　　　2 匹　　　　　　3 個　　　　　　4 台

14　卒業式は新しくできた会館でおこないます。

　　1 開い　　　　　2 行い　　　　　3 言い　　　　　4 歩い

問題3 （　　　）に入れるのに最もよいものを、1・2・3・4から一つえらびなさい。

15　この町には本屋が（　　　）あります。

　　　1　二回　　　　　　2　二軒　　　　　　3　二階　　　　　　4　二本

16　子供には1日1時間だけ（　　　）をするのを許しています。

　　　1　テスト　　　　　2　ドア　　　　　　3　ゲーム　　　　　4　トイレ

17　（　　　）がわからないから海は怖いです。

　　　1　高さ　　　　　　2　甘さ　　　　　　3　長さ　　　　　　4　深さ

18　山田先生が戻ってくるのは（　　　）明日でしょう。

　　　1　たぶん　　　　　2　それから　　　　3　たまに　　　　　4　しばらく

19　主人は出張のとき必ず子供の（　　　）を買ってきます。

　　　1　おつり　　　　　2　いぬ　　　　　　3　ねこ　　　　　　4　おもちゃ

20　これから両国の（　　　）はどんどんよくなりそうです。

　　　1　関心　　　　　　2　連絡　　　　　　3　関係　　　　　　4　競争

21　今年の冬の寒さは（　　　）でしょう。

　　　1　つよい　　　　　2　きびしい　　　　3　かたい　　　　　4　よわい

22　毎月、5万円の家賃を（　　　）います。

　　　1　落ちて　　　　　2　出て　　　　　　3　払って　　　　　4　開いて

23　当店ではインスタント食品は（　　　）いません。

　　　1　あつかって　　　2　かよって　　　　3　のぼって　　　　4　まよって

24 座席の（　　　　　）は私に任せてください。

    1 招待　　　　　　2 案内　　　　　　3 運動　　　　　　4 以上

25 アメリカの女優が（　　　　　）公式に訪問しました。

    1 未　　　　　2 非　　　　　3 不　　　　　4 無

問題4　＿＿＿に意味が最も近いものを、1・2・3・4 から一つえらびなさい。

26 彼の歌はすばらしかった。

    1 大変だった　　　2 見事だった　　　3 便利だった　　　4 親切だった

27 ガソリンスタンドで車にオイルを入れた。

    1 あぶら　　　　　2 しょうゆ　　　　3 しお　　　　　　4 こうちゃ

28 山口さんは年中仕事で忙しいと言っている。

    1 とくに　　　　　2 さきに　　　　　3 いつも　　　　　4 ぜんぜん

29 彼は財産をすべて失った。

    1 部分　　　　　　2 全部　　　　　　3 少し　　　　　　4 たくさん

30 まず見本を見てからどれを選ぶか決めましょう。

    1 バイク　　　　　2 デザイン　　　　3 スタンド　　　　4 サンプル

問題5　つぎのことばの使い方として最もよいものを、1・2・3・4から一つえらびなさい。

31　複雑 (ふくざつ)

　　1　彼らの関係は非常に複雑である。

　　2　道路 (どうろ) が複雑していてちょっと遅れそうです。

　　3　何かを教えるのは複雑です。

　　4　体を複雑にすることが何よりです。

32　沸かす (わ)

　　1　田中さんはシャワーを沸かしています。

　　2　これはよく沸かしたパンです。

　　3　お湯を沸かしてお茶をいれました。

　　4　寒いので、ヒーターを沸かしました。

33　プレゼント

　　1　私の質問にはっきりしたプレゼントをしなかった。

　　2　結婚する姉にプレゼントをしたいです。

　　3　会議で新製品のプレゼントをしなくてはいけない。

　　4　毎日プレゼントに追われています。

34 発明

1 1492年、コロンブスが新大陸を発明しました。

2 教室が暗かったので、電気を発明しました。

3 この電球はエジソンが発明したものです。

4 警察は現場で犯人を発明しました。

35 まずしい

1 あの人の数え方がまずしい。

2 まずしい農家にうまれ、幼い時に両親をなくしました。

3 無断欠勤なんて、まずしいよ。

4 友達はひどい風邪で、何を食べてもまずしいという。

틀리기 쉬운 한자

盛	せい	盛大(せいだい) : 성대　全盛期(ぜんせいき) : 전성기
	★じょう	繁盛(はんじょう) : 번성
境	★きょう	環境(かんきょう) : 환경　境界(きょうかい) : 경계　国境(こっきょう) : 국경
	けい	境内(けいだい) : 경내(신사·사찰의 구내)
相	そう	相談(そうだん) : 상담, 상의　相互(そうご) : 상호　真相(しんそう) : 진상
	★しょう	首相(しゅしょう) : 수상　外相(がいしょう) : 외상(외무대신장관)
児	じ	児童(じどう) : 아동　男児(だんじ) : 남아　孤児(こじ) : 고아　幼児(ようじ) : 유아
	★に	小児科(しょうにか) : 소아과
出	しゅつ	輸出(ゆしゅつ) : 수출　出発(しゅっぱつ) : 출발　出勤(しゅっきん) : 출근　出世(しゅっせ) : 출세　出産(しゅっさん) : 출산
	★すい	出納(すいとう) : 출납

Part **2**

N3 문자 · 어휘

총 5회분

**2급 기출 단어를 중심으로
新일본어 능력시험
기본기 쌓기**

:: 명사

	단어	의미		단어	의미		단어	의미
□	明日 あした	내일	□	現金 げんきん	현금	□	生徒 せいと	학생
□	アルバイト	아르바이트	□	交差点 こうさてん	교차점	□	性能 せいのう	성능
□	胃 い	위	□	交通 こうつう	교통	□	背中 せなか	등
□	いたずら	장난	□	行動 こうどう	행동	□	先日 せんじつ	일전, 요전
□	宇宙人 うちゅうじん	우주인, 외계인	□	購入 こうにゅう	구입	□	たばこ	담배
□	海 うみ	바다	□	合理的 ごうりてき	합리적	□	地球 ちきゅう	지구
□	映画 えいが	영화	□	国民 こくみん	국민	□	チップ	팁, 사례금
□	影響 えいきょう	영향	□	今度 こんど	이번, 다음	□	調子 ちょうし	상태
□	営業 えいぎょう	영업	□	財布 さいふ	지갑	□	遠く とおく	먼 곳
□	英語 えいご	영어	□	サイン	사인, 서명	□	土曜日 どようび	토요일
□	枝 えだ	가지	□	作品 さくひん	작품	□	涙 なみだ	눈물
□	沖縄 おきなわ	오키나와	□	茶道 さどう	다도	□	日課 にっか	일과
□	温泉 おんせん	온천	□	作法 さほう	예의범절	□	入院 にゅういん	입원
□	カード	카드	□	事件 じけん	사건	□	はしご	사다리
□	解決 かいけつ	해결	□	事故 じこ	사고	□	パソコン	퍼스널 컴퓨터, 컴퓨터
□	科学 かがく	과학	□	死亡 しぼう	사망	□	発売 はつばい	발매
□	家族 かぞく	가족	□	住所 じゅうしょ	주소	□	範囲 はんい	범위
□	可能 かのう	가능	□	受験生 じゅけんせい	수험생	□	被害 ひがい	피해

	観光客 かんこうきゃく	관광객		障害 しょうがい	장애		人手 ひとで	일손
☐	技術 ぎじゅつ	기술	☐	小説 しょうせつ	소설	☐	プリント	프린트
☐	規制 きせい	규제	☐	ジョギング	조깅	☐	方 ほう	~쪽
☐	きっかけ	계기	☐	食事 しょくじ	식사	☐	方法 ほうほう	방법
☐	記入 きにゅう	기입	☐	新宿 しんじゅく	신주쿠(지명)	☐	ボールペン	볼펜
☐	君 きみ	당신, 자네	☐	新製品 しんせいひん	신제품	☐	骨 ほね	뼈
☐	義務 ぎむ	의무	☐	新入社員 しんにゅうしゃいん	신입사원	☐	周り まわり	주변
☐	草 くさ	풀	☐	進歩 しんぽ	진보	☐	ゆうべ	어젯밤
☐	グラフ	그래프	☐	スーパー	슈퍼마켓	☐	ユーモア	유머
☐	苦労 くろう	고생, 수고	☐	すき焼き すきやき	스키야키, 전골	☐	来週 らいしゅう	다음 주
☐	契機 けいき	계기	☐	生活 せいかつ	생활	☐	礼儀 れいぎ	예의
☐	芸能人 げいのうじん	연예인, 예능인	☐	税金 ぜいきん	세금	☐	レベル	수준, 레벨

∴ 동사

	단어	의미		단어	의미		단어	의미
☐	上がる あがる	올라가다, 오르다	☐	支配する しはい	지배하다	☐	負ける まける	패배하다
☐	洗う あらう	씻다, 빨다	☐	示す しめす	가리키다, 보이다	☐	学ぶ まなぶ	배우다
☐	移る うつる	옮기다, 이동하다	☐	倒れる たおれる	쓰러지다	☐	招く まねく	초대하다
☐	起こる おこる	일어나다, 발생하다	☐	尋ねる たずねる	묻다	☐	見える みえる	보이다
☐	納める おさめる	납부하다	☐	足りる たりる	충분하다	☐	迎える むかえる	맞아들이다
☐	教える おしえる	가르치다	☐	流す ながす	흘리다	☐	戻る もどる	되돌아오다
☐	降りる おりる	내리다	☐	慣れる なれる	익숙해지다	☐	雇う やとう	고용하다
☐	折る おる	부러뜨리다, 꺾다	☐	話し合う はなしあう	서로 이야기하다	☐	止める やめる	끊다, 그만두다

□	気が付く	알아차리다, 생각이 미치다	□	払う	지불하다	□	分かる	알다
□	探す	찾다	□	広がる	넓어지다, 퍼지다	□	笑わせる	웃게 만들다

● 형용사

	단어	의미		단어	의미		단어	의미
□	あいまいだ	애매모호하다	□	おもしろい	재미있다	□	不可能だ	불가능하다
□	いい	좋다	□	厳しい	엄하다, 혹독하다	□	便利だ	편리하다
□	偉大だ	위대하다	□	濃い	진하다	□	愉快だ	유쾌하다
□	薄い	연하다, 얇다	□	幸せだ	행복하다	□	弱い	약하다
□	遅い	느리다, 늦다	□	深い	깊다	□	楽だ	편(안)하다

● 나머지 품사

	단어	의미		단어	의미		단어	의미
□	おそらく	아마, 필시	□	たまに	가끔, 때때로	□	～はずだ	틀림없이, ~일 것이다
□	かなり	꽤, 상당히	□	時々	가끔, 때때로	□	まもなく	머지않아, 곧
□	ぜひ	꼭	□	とても	매우, 대단히	□	もうすぐ	이제 곧
□	～そうだ	~라고 한다, ~것 같다	□	～に比べて	~와 비교해서	□	よく	자주, 잘
□	それとも	그렇지 않으면, 아니면	□	のろのろ	동작이 느린 모양, 느릿느릿	□	～より	~보다, ~부터
□	だいぶ	상당히, 꽤	□	～ばかり	~만	□	～をとおして	~을 통해서

問題1 ＿＿＿のことばの読み方として最もよいものを、1・2・3・4 から一つえらびなさい。

1 ゆうべの食事で胃の調子が悪くなった。

　　1 ちょう　　　　2 い　　　　　　3 あたま　　　　4 うで

2 新製品は来週の土曜日に発売されます。

　　1 はつばい　　　2 はんばい　　　3 ばいばい　　　4 はつめい

3 日本に行ったら、ぜひ温泉に行ってみてください。

　　1 おんちょう　　2 おんふう　　　3 おんせん　　　4 おんだん

4 あの店には芸能人がたくさん来るそうだ。

　　1 えいなん　　　2 よねん　　　　3 えいえん　　　4 げいのう

5 このグラフが示しているのは何ですか。

　　1 はたして　　　2 しめして　　　3 ためして　　　4 さして

6 性能のいいカメラを持っていますね。

　　1 せいのう　　　2 きのう　　　　3 せいかく　　　4 ぎじゅつ

7 私は遠くから彼の背中を見ていました。

　　1 はいちゅう　　2 とちゅう　　　3 せなか　　　　4 せきちゅう

8 明日から３人の新入社員を迎えることになりました。

　　1 おしえる　　　2 おぼえる　　　3 おさえる　　　4 むかえる

問題2 _____ のことばを漢字で書くとき、最もよいものを、1・2・3・4 から一つえらびなさい。

9 彼は毎日（まいにち）のジョギングをにっかとしている。

1 日過　　　　2 日記　　　　3 日果　　　　4 日課

10 私たちの周りには食べられるくさがいっぱいある。

1 枝　　　　2 草　　　　3 葉　　　　4 茎

11 昨日、バス事故で5人がしぼうしました。

1 志望　　　　2 脂肪　　　　3 死亡　　　　4 志願

12 骨をおって、入院しています。

1 移って　　　　2 追って　　　　3 祈って　　　　4 折って

13 バスをおりる時、財布を忘れたことに気が付（き）きました。

1 降る　　　　2 降りる　　　　3 追りる　　　　4 追る

14 試合に負けて涙をながした。

1 流した　　　　2 貸した　　　　3 長した　　　　4 出した

問題3 （　　　）に入れるのに最もよいものを、1·2·3·4 から一つえらびなさい。

15　私はうすい色^{いろ}より（　　　）色の方^{ほう}が好きです。

　　1 つよい　　　　2 よわい　　　　3 こい　　　　4 ふかい

16　あのスーパーは夜遅くまで、（　　　）しているので、便利です。

　　1 作業　　　　　2 授業　　　　　3 営業　　　　4 企業

17　警察が交差点で（　　　）規制をしています。

　　1 交通　　　　　2 交換　　　　　3 事故　　　　4 混雑

18　人手^{ひとで}が足^たりなくて、アルバイトを（　　　）ました。

　　1 やとい　　　　2 うかがい　　　3 みがき　　　4 あらい

19　科学技術の（　　　）によって、今まで不可能だったことが可能になりました。

　　1 進行　　　　　2 振興　　　　　3 進歩　　　　4 流行

20　台風の影響で、沖縄^{おきなわ}はかなりの（　　　）を受けたそうです。

　　1 被害^{ひがい}　　　2 障害^{しょうがい}　　　3 故障^{こしょう}　　　4 侵害^{しんがい}

21　田中さんは（　　　）人だ。おもしろいことを言ってよくみんなを笑わせる。

　　1 ゆかいな　　　　2 みごとな　　　3 いだいな　　　4 あいまいな

22　新しい生活に（　　　）、行動範囲も広がりました。

　　1 揺^ゆれて　　　2 載^のれて　　　3 慣^なれて　　　4 倒^{たお}れて

23　今年は、去年に比べて受験生の（　　　）が上がったそうだ。

　　1 チップ　　　　　2 スタイル　　　3 レベル　　　4 タイプ

24 税金を（　　　　　）のは、国民の義務である。

    1 おさめる   2 おしえる   3 あふれる   4 ながめる

25 よく話し合って合理（　　　　　）な解決方法を探してみましょう。

    1 的   2 化   3 率   4 度

問題4 ＿＿＿に意味が最も近いものを、1・2・3・4 から一つえらびなさい。

26 <u>もうすぐ</u>海が見えてくるはずだ。

    1 いよいよ   2 ようやく   3 まもなく   4 いつか

27 <u>おそらく</u>あのような事件は二度と起こらないだろう。

    1 けっして   2 とうぜん   3 もちろん   4 たぶん

28 <u>時々</u>遊びにきてください。

    1 たまに   2 毎日   3 いつも   4 たびたび

29 病気になったのを<u>きっかけ</u>に酒もたばこも止めた。

    1 契約   2 契機   3 機械   4 技術

30 観光客は<u>のろのろ</u>とバスに戻った。

    1 あっさり   2 ゆっくり   3 ゆったり   4 そっくり

問題5 つぎのことばの使い方として最もよいものを、1・2・3・4 から一つえらびなさい。

31　作法

　　1 茶道を通して、日本の礼儀作法を学んだ。

　　2 木村さんは新しい携帯電話の作法が分からなくて苦労している。

　　3 今度、すき焼きの作法を教えてください。

　　4 新宿駅まで行く作法をたずねた。

32　楽だ

　　1 公園で子供たちが楽そうに遊んでいる。

　　2 分からないことがあったら楽にきいてください。

　　3 新しいパソコンを購入し、だいぶ仕事が楽になった。

　　4 今日は楽なパーティーにお招きくださりありがとうございました。

33　それとも

　　1 こちらにボールペン、それとも鉛筆でご記入ください。

　　2 ここに住所、名前、それとも電話番号を記入してください。

　　3 現金で払いますか。それともカードにしますか。

　　4 日本語それとも英語でサインしてください。

34 ユーモア

1 この作品は有名な小説のユーモアだよ。

2 とてもユーモアのいいかばんだね。

3 君の話はユーモアがあっておもしろいね。

4 少年はいつもユーモアでいたずらばかりしている。

35 支配する

1 先生は生徒たちにプリントを支配した。

2 彼らはまず、家族で支配して幸せそうに生活している。

3 先日、宇宙人が地球を支配する映画を見た。

4 はしごが倒れないよう支配していてください。

틀리기 쉬운 한자

★는 일본어능력시험에 자주 나오는 것

競	★きょう	競技_{きょうぎ}：경기	競争_{きょうそう}：경쟁		
	けい	競馬_{けいば}：경마	競輪_{けいりん}：경륜		
山	さん	山頂_{さんちょう}：산정	富士山_{ふじさん}：후지산	山脈_{さんみゃく}：산맥	
	★ざん	火山_{かざん}：화산	鉱山_{こうざん}：광산	登山_{とざん}：등산	
所	しょ	場所_{ばしょ}：장소	住所_{じゅうしょ}：주소	所有_{しょゆう}：소유	
	じょ	近所_{きんじょ}：부근	停留所_{ていりゅうじょ}：정류소	便所_{べんじょ}：변소	
算	さん	算数_{さんすう}：산수	計算_{けいさん}：계산	予算_{よさん}：예산	
	★ざん	検算_{けんざん}：검산 暗算_{あんざん}：암산 足算_{たしざん}：덧셈 引算_{ひきざん}：뺄셈 掛算_{かけざん}：곱셈 割算_{わりざん}：나눗셈			
無	む	無理_{むり}：무리 無料_{むりょう}：무료 無視_{むし}：무시 無口_{むくち}：말수가 적음 無駄_{むだ}：쓸데없음			
	★ぶ	無事_{ぶじ}：무사	無難_{ぶなん}：무난		

59

명사

	단어	의미		단어	의미		단어	의미
☐	嵐 あらし	폭풍	☐	小包 こづつみ	소포	☐	同時 どうじ	동시
☐	以上 いじょう	이상	☐	ごみ	쓰레기	☐	動物園 どうぶつえん	동물원
☐	一日中 いちにちじゅう	하루종일	☐	怖がり こわ	두려움 많은 사람	☐	時計 とけい	시계
☐	おかず	반찬	☐	今回 こんかい	이번	☐	人間 にんげん	인간
☐	親 おや	부모, 어버이	☐	最初 さいしょ	처음, 최초	☐	配達 はいたつ	배달
☐	外出 がいしゅつ	외출	☐	才能 さいのう	재능	☐	バス代 だい	버스비
☐	学歴 がくれき	학력	☐	材料 ざいりょう	재료	☐	発見 はっけん	발견
☐	活動 かつどう	활동	☐	作業 さぎょう	작업	☐	バラエティー	버라이어티
☐	仮定 かてい	가정	☐	～冊 さつ	~권	☐	番組 ばんぐみ	방송, 프로그램
☐	感覚 かんかく	감각	☐	差別 さべつ	차별	☐	ピザ	피자
☐	気温 きおん	기온	☐	資格 しかく	자격	☐	秘密 ひみつ	비밀
☐	企業 きぎょう	기업	☐	時期 じき	시기	☐	物価 ぶっか	물가
☐	季節 きせつ	계절	☐	実験 じっけん	실험	☐	分析 ぶんせき	분석
☐	気持 きもち	기분	☐	自由 じゆう	자유	☐	分解 ぶんかい	분해
☐	給料 きゅうりょう	급료, 급여	☐	出演 しゅつえん	출연	☐	分野 ぶんや	분야
☐	教科書 きょうかしょ	교과서	☐	女優 じょゆう	여배우	☐	ページ	페이지
☐	競技場 きょうぎじょう	경기장	☐	スタート	출발, 스타트	☐	平和 へいわ	평화
☐	共同 きょうどう	공동	☐	生活費 せいかつひ	생활비	☐	本当 ほんとう	정말임, 사실

☐	~組 (くみ)	~조, 그룹	☐	節約 (せつやく)	절약	☐	マラソン	마라톤
☐	グループ	그룹	☐	善悪 (ぜんあく)	선악	☐	みかん	귤
☐	ケーキ	케이크	☐	先月 (せんげつ)	지난 달	☐	野菜 (やさい)	야채, 채소
☐	欠点 (けってん)	결점	☐	卵 (たまご)	달걀	☐	指 (ゆび)	손가락
☐	答え (こた)	대답	☐	手足 (てあし)	손발, 팔다리	☐	料理 (りょうり)	요리

동사

	단어	의미		단어	의미		단어	의미
☐	動く (うご)	움직이다	☐	決まる (き)	결정되다	☐	詰まる (つ)	가득차다
☐	得る (え)	손에 넣다, 획득하다	☐	くたびれる	녹초가 되다, 피곤하다	☐	届く (とど)	도달하다, 도착하다
☐	起きる (お)	일어나다, 발생하다	☐	崩れる (くず)	붕괴하다, 무너지다	☐	はかる	(무게, 양, 길이) 재다, 달다
☐	教える (おし)	가르치다	☐	しびれる	저리다, 마비되다	☐	働く (はたら)	일하다
☐	返す (かえ)	돌려주다	☐	住む (す)	살다	☐	引き出す (ひ だ)	인출하다, 꺼내다
☐	数える (かぞ)	세다, 계산하다	☐	倒れる (たお)	쓰러지다, 넘어지다	☐	開く (ひら)	펴다, 열다
☐	変わる (か)	변하다, 바뀌다	☐	炊く (た)	밥을 짓다	☐	守る (まも)	지키다
☐	刻む (きざ)	잘게 썰다	☐	頼む (たの)	부탁하다	☐	剥く (む)	벗기다, 까다
☐	気に入る (き い)	마음에 들다	☐	使う (つか)	사용하다	☐	召し上がる (め あ)	드시다

∷ 형용사

	단어	의미		단어	의미		단어	의미
☐	辛^{から}い	맵다	☐	細^{こま}かい	상세하다, 잘다	☐	苦手^{にがて}だ	서투르다
☐	険^{けわ}しい	가파르다, 험하다	☐	正直^{しょうじき}だ	정직하다, 솔직하다	☐	暇^{ひま}だ	한가하다
☐	口^{くち}が堅^{かた}い	입이 무겁다	☐	そっくりだ	꼭 닮은 모양	☐	ふさわしい	어울리다
☐	詳^{くわ}しい	자세하다	☐	大丈夫^{だいじょうぶ}だ	괜찮다	☐	冷静^{れいせい}だ	냉정하다, 침착하다

∷ 나머지 품사

	단어	의미		단어	의미		단어	의미
☐	あまりにも	너무나도	☐	最初^{さいしょ}に	처음으로, 최초로	☐	たとえ	가령, 설령
☐	案外^{あんがい}	의외로, 뜻밖에	☐	様々^{さまざま}	여러가지	☐	たびたび	자주, 여러번
☐	うっかり	깜빡, 무심코	☐	次第^{しだい}に	점차	☐	~について	~에 대해서
☐	おおきな	큰	☐	しばしば	자주	☐	~にそって	~에 따라서
☐	きちんと	정확히, 깔끔히	☐	全然^{ぜんぜん}	전혀	☐	~をこめて	~을 담아서
☐	きっと	꼭, 반드시	☐	ただし	다만, 단	☐	~んだって	~라고 해

問題1 _____ のことばの読み方として最もよいものを、1・2・3・4 から一つえらびなさい。

1　彼は大きな体をしているが、案外怖がりだ。
　　1 いがい　　　　2 ぞんがい　　　　3 あんない　　　　4 あんがい

2　指を使って10まで数えられるようになりました。
　　1 くび　　　　　2 つめ　　　　　　3 ゆび　　　　　　4 まめ

3　今言ったことが、全部本当だと仮定してみよう。
　　1 かじょう　　　2 けってい　　　　3 くじょう　　　　4 かてい

4　欠点のない人間はいないでしょう。
　　1 かくてん　　　2 けつじょう　　　3 けってん　　　　4 かくじょ

5　決まったことですから、きちんと守ってください。
　　1 こまった　　　2 きまった　　　　3 たまった　　　　4 しまった

6　バス代を節約するために、家まで歩きます。
　　1 せつやく　　　2 そつやく　　　　3 ちょうやく　　　　4 かつやく

7　父は動物園で働いています。
　　1 つとめて　　　2 きんいて　　　　3 うごいて　　　　4 はたらいて

8　物価は上がっているのに、給料は全然変わらない。
　　1 ぶつかく　　　2 かかく　　　　　3 ねだん　　　　　4 ぶっか

問題2 _____ のことばを漢字で書くとき、最もよいものを、1・2・3・4 から一つえらびなさい。

9 2つの大学で<u>きょうどう</u>実験をしています。

    1 協力   2 合同   3 行動   4 共同

10 ATM で 3 万円を<u>ひきだした</u>。

    1 押き出した   2 払い出した   3 支い出した   4 引き出した

11 明日から<u>しだいに</u>気温が低くなるでしょう。

    1 次第に   2 徐々に   3 偉大に   4 段々に

12 田中さんは 5 冊の本を<u>どうじ</u>に読むことができるんだって。

    1 同事   2 動時   3 同時   4 動自

13 母から届いた<u>こづつみ</u>には季節の野菜が詰まっていた。

    1 荷物   2 配達   3 手紙   4 小包

14 借りた本を<u>かえして</u>おいてください。

    1 戻して   2 反して   3 返して   4 帰して

問題3 （　　　）に入れるのに最もよいものを、1·2·3·4 から一つえらびなさい。

15　おかずを作ってから、ごはんを（　　　　）。
　　1 わかした　　　　2 たいた　　　　　3 きざんだ　　　　4 むいた

16　その問題について（　　　　）説明してください。
　　1 けわしく　　　　2 くやしく　　　　3 くわしく　　　　4 あぶなく

17　漢字を読むのは問題ないが、書くのは（　　　　）。
　　1 得意だ　　　　　2 上手だ　　　　　3 苦手だ　　　　　4 便利だ

18　あまりにも寒いので、手足の（　　　　）がなくなった。
　　1 感動　　　　　　2 感情　　　　　　3 感激　　　　　　4 感覚

19　あの人の才能を最初に（　　　　）したのは先生でした。
　　1 発見　　　　　　2 発明　　　　　　3 発送　　　　　　4 発売

20　日本は世界の（　　　　）のためにさまざまな活動をしている。
　　1 平気　　　　　　2 平和　　　　　　3 無事　　　　　　4 不足

21　A：昨日頼んだ本、持ってきてくれた？
　　B：ごめん、（　　　　）してた。
　　1 こっそり　　　　2 しっかり　　　　3 うっかり　　　　4 ちゃんと

22　鈴木さんは口が（　　　　）から、秘密を話しても大丈夫です。
　　1 かたい　　　　　2 おもい　　　　　3 はやい　　　　　4 おそい

23　外出は自由だ。（　　　　）10時までに帰らなければならない。
　　1 それに　　　　　2 だって　　　　　3 ただし　　　　　4 そのうえ

24 今回のマラソンは、こちらの競技場^{きょうぎじょう}から（　　　）することになりました。

    1 スタート   2 サービス   3 セット   4 スタンド

25 生活（　　　）は親に出してもらっています。

    1 味   2 用   3 費   4 計

問題 4 _____ に意味が最も近いものを、1・2・3・4 から一つえらびなさい。

26 一日中歩いた^{いちにちじゅうあるいた}ので、つかれた。

    1 しびれた   2 くたびれた   3 たおれた   4 くずれた

27 教科書の123ページを開^{ひら}いてください。

    1 テキスト   2 テスト   3 テニス   4 レポート

28 その女優はバラエティー番組にもたびたび出演^{しゅつえん}している。

    1 ときどき   2 たまたま   3 あれこれ   4 しばしば

29 きっと彼女はそのプレゼントが気にいるだろう。

    1 辛くなる   2 幸せになる   3 好きになる   4 大切にする

30 彼はどんな問題が起きてもいつも冷静だ。

    1 落ち着いている   2 思い込んでいる

    3 冷たくいる   4 信じている

問題 5 つぎのことばの使い方として最もよいものを、1·2·3·4 から一つえらびなさい。

31 差別

　1 親は子供に善悪の差別について教えなければならない。

　2 わたしの住む地域はごみの差別が細かい。

　3 ある企業は、学歴による差別があるらしい。

　4 3つのグループに差別して、作業をおこなった。

32 はかる

　1 みかんの数をはかってみたら、10個であった。

　2 材料をきちんとはかって料理を作りました。

　3 この仕事は30分ぐらいで終わるとはかっています。

　4 先月の給料をはかってみた。

33 分解

　1 ケーキを作るために、卵を分解した。

　2 2つの組に分解して試合を行った。

　3 彼は、動かなくなった時計を分解した。

　4 ここからは、道が三本に分解している。

34 たとえ

1 たとえ 70 点以上なら資格を得ることができる。

2 たとえ忙しいこの時期に風邪をひいている暇はない。

3 たとえ嵐が来ても彼女のところに行くつもりだ。

4 たとえ 7 時になってもメールがなかったら、電話をください。

35 正直だ

1 この道にそって正直に行くと駅があります。

2 わたしの正直な気持ちを手紙に書いた。

3 彼は毎日学校に来る正直な学生だ。

4 この問題の正直な答えが分からない。

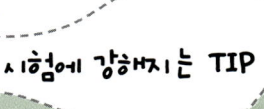
틀리기 쉬운 한자

★는 일본어능력시험에 자주 나오는 것

名	めい	人名^{じんめい}: 인명　指名^{しめい}: 지명　名詞^{めいし}: 명사　名作^{めいさく}: 명작 著名^{ちょめい}: 저명(유명함)
	★みょう	名字^{みょうじ}: 성　本名^{ほんみょう}: 본명
有	ゆう	有名^{ゆうめい}: 유명　有能^{ゆうのう}: 유능　有料^{ゆうりょう}: 유료　有利^{ゆうり}: 유리 有力^{ゆうりょく}: 유력
	★う	有無^{うむ}: 유무
装	★そう	服装^{ふくそう}: 복장　装飾^{そうしょく}: 장식　装置^{そうち}: 장치
	★しょう	衣装^{いしょう}: 의상
寿	★じゅ	寿命^{じゅみょう}: 수명
	す	寿司^{すし}: 초밥
外	がい	外国^{がいこく}: 외국　外交官^{がいこうかん}: 외교관　外出^{がいしゅつ}: 외출
	げ	外科^{げか}: 외과

02 기출 핵심 단어 6

:: 명사

	단어	의미		단어	의미		단어	의미
☐	辺り あた	주변, 근처	☐	言葉 こと ば	말	☐	日曜日 にちよう び	일요일
☐	あちこち	여기저기, 사방	☐	小麦 こ むぎ	밀	☐	発射 はっしゃ	발사
☐	雨 あめ	비	☐	最後 さい ご	최후, 마지막	☐	発表 はっぴょう	발표
☐	異常 い じょう	이상	☐	参加 さん か	참가	☐	母親 ははおや	엄마
☐	位置 い ち	위치	☐	事件 じ けん	사건	☐	犯罪 はんざい	범죄
☐	一夜 いちや	하룻밤	☐	住民 じゅうみん	주민	☐	比較 ひ かく	비교
☐	インスタント	인스턴트	☐	寿命 じゅみょう	수명	☐	人々 ひとびと	사람들
☐	ウォン	원 (한국화폐단위)	☐	商品 しょうひん	상품	☐	日々 ひ び	나날
☐	絵 え	그림	☐	食欲 しょくよく	식욕	☐	昼寝 ひる ね	낮잠
☐	エンジン	엔진	☐	性格 せいかく	성격	☐	双子 ふた ご	쌍둥이
☐	応対 おうたい	접대, 응대	☐	正反対 せいはんたい	정반대	☐	部長 ぶ ちょう	부장
☐	お菓子 か し	과자	☐	政府 せい ふ	정부	☐	文化祭 ぶん か さい	문화제
☐	解決 かいけつ	해결	☐	セミナー	세미나	☐	平均 へいきん	평균
☐	格安 かくやす	값이 특별히 쌈	☐	祖父 そ ふ	할아버지	☐	ペット	애완용 동물
☐	記憶 き おく	기억	☐	ダイエット	다이어트	☐	報告 ほうこく	보고
☐	帰宅 き たく	귀가	☐	態度 たい ど	태도	☐	方針 ほうしん	방침
☐	牛乳 ぎゅうにゅう	우유	☐	タイプ	타입	☐	方方 ほうぼう	여기저기, 여러 방면
☐	金色 きんいろ	금색	☐	地位 ち い	지위	☐	余震 よ しん	여진

□	<ruby>空港<rt>くうこう</rt></ruby>	공항	□	<ruby>角<rt>つの</rt></ruby>	뿔	□	ラーメン	라면
□	<ruby>決勝戦<rt>けっしょうせん</rt></ruby>	결승전	□	<ruby>程度<rt>ていど</rt></ruby>	정도	□	リモコン	리모컨
□	<ruby>合格<rt>ごうかく</rt></ruby>	합격	□	どなた	어느분	□	<ruby>両替<rt>りょうがえ</rt></ruby>	환전
□	<ruby>公式<rt>こうしき</rt></ruby>	공식	□	<ruby>努力<rt>どりょく</rt></ruby>	노력	□	<ruby>連続<rt>れんぞく</rt></ruby>	연속
□	<ruby>子育て<rt>こそだ</rt></ruby>	육아	□	ドル	달러	□	ロケット	로켓

동사

	단어	의미		단어	의미		단어	의미
□	<ruby>預ける<rt>あず</rt></ruby>	맡기다, 위탁하다	□	<ruby>寒気がする<rt>さむけ</rt></ruby>	오한이 나다	□	<ruby>寝かせる<rt>ね</rt></ruby>	재우다
□	<ruby>争う<rt>あらそ</rt></ruby>	다투다, 경쟁하다	□	<ruby>過ぎる<rt>す</rt></ruby>	지나가다, 넘어가다	□	<ruby>伸びる<rt>の</rt></ruby>	신장되다, 늘다
□	<ruby>売りきれる<rt>う</rt></ruby>	매진되다	□	<ruby>過ごす<rt>す</rt></ruby>	보내다, 생활하다	□	<ruby>増える<rt>ふ</rt></ruby>	증가하다, 늘다
□	<ruby>得る<rt>え</rt></ruby>	얻다, 획득하다	□	<ruby>済ませる<rt>す</rt></ruby>	끝내다, 마치다	□	<ruby>吹く<rt>ふ</rt></ruby>	(바람이) 불다
□	<ruby>押し寄せる<rt>お よ</rt></ruby>	몰려오다	□	<ruby>節約する<rt>せつやく</rt></ruby>	절약하다	□	<ruby>降る<rt>ふ</rt></ruby>	(비가) 내리다
□	<ruby>覚える<rt>おぼ</rt></ruby>	기억하다, 익히다, 외우다	□	<ruby>備える<rt>そな</rt></ruby>	갖추다, 대비하다	□	<ruby>減る<rt>へ</rt></ruby>	줄다, 감소하다
□	<ruby>頑張る<rt>がんば</rt></ruby>	분발하다, 노력하다	□	<ruby>助ける<rt>たす</rt></ruby>	구하다, 돕다	□	<ruby>見える<rt>み</rt></ruby>	보이다
□	<ruby>比べる<rt>くら</rt></ruby>	비교하다	□	<ruby>貯める<rt>た</rt></ruby>	(돈을) 모으다	□	<ruby>向ける<rt>む</rt></ruby>	향하다, 돌리다
□	<ruby>答える<rt>こた</rt></ruby>	대답하다	□	<ruby>続く<rt>つづ</rt></ruby>	계속되다	□	<ruby>用いる<rt>もち</rt></ruby>	이용하다
□	<ruby>困る<rt>こま</rt></ruby>	곤란하다	□	<ruby>連れる<rt>つ</rt></ruby>	데리고 가(오)다	□	ゆでる	데치다, 삶다
□	<ruby>探し回る<rt>さが まわ</rt></ruby>	찾아 헤매다	□	<ruby>解く<rt>と</rt></ruby>	풀다	□	よびかける	호소하다, 부르다

:: 형용사

	단어	의미		단어	의미		단어	의미
☐	暑^{あつ}い	덥다	☐	険^{けわ}しい	험하다	☐	早^{はや}い	빠르다
☐	甘^{あま}い	달다	☐	元気^{げんき}だ	건강하다	☐	不安^{ふあん}だ	불안하다
☐	危^{あや}うい	위태롭다, 위험하다	☐	失礼^{しつれい}だ	무례하다	☐	無事^{ぶじ}だ	무사하다
☐	美^{うつく}しい	아름답다	☐	高^{たか}い	비싸다, 높다, 크다	☐	無礼^{ぶれい}だ	무례하다

:: 나머지 품사

	단어	의미		단어	의미		단어	의미
☐	～せいで	~탓에	☐	どっと	우르르 (밀어닥치는 모양)	☐	～まわる	~하고 다니다
☐	せめて	적어도	☐	なるべく	가능한 한	☐	もうすぐ	머지않아, 곧
☐	次^{つぎ}に	뒤이어	☐	ぶらぶら	어슬렁어슬렁	☐	ゆっくり	천천히, 느긋하게
☐	できるだけ	가능한 한	☐	～ほど	~만큼	☐	～てほしい	~면 좋겠다

問題1 _____のことばの読み方として最もよいものを、1·2·3·4から一つえらびなさい。

1 その位置からだと何も見えないでしょう？
　　1 うち　　　　　2 いち　　　　　3 いつ　　　　　4 うつ

2 窓を開けると、雨が降っていた。
　　1 もん　　　　　2 かど　　　　　3 つの　　　　　4 まど

3 帰宅したときにはもう12時を過ぎていた。
　　1 きたく　　　　2 とうちゃく　　3 おたく　　　　4 きか

4 政府の方針が決まり、発表された。
　　1 はんこう　　　2 ほうこく　　　3 ほうしん　　　4 ほうこう

5 事件はもうすぐ解決するだろう。
　　1 さけん　　　　2 じこ　　　　　3 さご　　　　　4 じけん

6 私の祖父は90歳になっても元気です。
　　1 そふ　　　　　2 そぼ　　　　　3 そぶ　　　　　4 そほ

7 あなたにとって、この仕事は得るものが多いはずです。
　　1 ある　　　　　2 いる　　　　　3 たる　　　　　4 える

8 風邪をひいたのか寒気がする。
　　1 かんき　　　　2 さむき　　　　3 さむけ　　　　4 はきけ

問題 2 _____ のことばを漢字で書くとき、最もよいものを、1・2・3・4から一つえらびなさい。

9 金色の<u>こむぎ</u>が風に吹かれている。

   1 麦茶　　　　　　2 小麦　　　　　　3 麦酒　　　　　　4 小向

10 電話で<u>おうたい</u>してくださった方はどなたですか。

   1 対応　　　　　　2 接待　　　　　　3 応対　　　　　　4 応答

11 これ以上、姉と私を<u>くらべ</u>ないでほしい。

   1 調べ　　　　　　2 争べ　　　　　　3 取べ　　　　　　4 比べ

12 明日のセミナーにはぜひ<u>さんか</u>していただきたいです。

   1 出席　　　　　　2 参加　　　　　　3 賛同　　　　　　4 受付

13 この公式を<u>もちいて</u>、答えなさい。

   1 使いて　　　　　2 用いて　　　　　3 解いて　　　　　4 計いて

14 毎日暑いせいで、<u>しょくよく</u>がなくて困っている。

   1 就職　　　　　　2 食欲　　　　　　3 職場　　　　　　4 食堂

問題３　(　　　)に入れるのに最もよいものを、１・２・３・４から一つえらびなさい。

15　旅行に連れていけないので、友達にペットを(　　　　)。
　　１ ほめられた　　　２ あずけた　　　３ そだてた　　　４ よびかけた

16　町の中でもこの辺りは(　　　　)が高い。
　　１ 化粧　　　　　　２ 家賃　　　　　３ 銀行　　　　　４ 主人

17　住民の(　　　　)で、この町では、犯罪や事件が減ってきた。
　　１ 行動　　　　　　２ 努力　　　　　３ 想像　　　　　４ 増加

18　こちらの商品は(　　　　)1000円です。
　　１ まるで　　　　　２ ようやく　　　３ いよいよ　　　４ すべて

19　その絵は他の絵とは(　　　　)にならないほど美しかった。
　　１ 測定　　　　　　２ 統一　　　　　３ 同一　　　　　４ 比較

20　たまごと牛乳を使って、甘い(　　　　)を作りました。
　　１ お菓子　　　　　２ 砂　　　　　　３ 塩　　　　　　４ 米

21　空港でウォンをドルに(　　　　)した。
　　１ 両替　　　　　　２ 交代　　　　　３ 両親　　　　　４ 交流

22　車のエンジンに(　　　　)があるという報告があった。
　　１ 以上　　　　　　２ 異常　　　　　３ 非常　　　　　４ 以内

23　宇宙に向けてロケットが(　　　　)された。
　　１ 発射　　　　　　２ 発見　　　　　３ 発売　　　　　４ 発明

24 国民の平均（　　　　　）は、10年連続でのびている。

1　価格　　　　　　2　寿命　　　　　　3　挨拶　　　　　　4　値段

25 うちの子は双子（ふたご）だけど、性格は（　　　　　）反対です。

1　末　　　　　　　2　正　　　　　　　3　上　　　　　　　4　大

問題4　＿＿＿＿に意味が最も近いものを、1・2・3・4から一つえらびなさい。

26 彼の<u>無礼</u>な態度が許せない。

1　失礼　　　　　　2　無事　　　　　　3　舞台　　　　　　4　礼儀

27 <u>あやうい</u>ところを助けられた。

1　あぶない　　　　2　むずかしい　　　3　けわしい　　　　4　やさしい

28 <u>ほうぼう</u>を探し回ったが、どこも売り切れだった。

1　あちこち　　　　2　ぶらぶら　　　　3　ふらふら　　　　4　あれこれ

29 仕事を早く<u>終わらせて</u>遊びに行こう。

1　済ませて　　　　2　読ませて　　　　3　困らせて　　　　4　始めさせて

30 彼のことは何も<u>覚えて</u>いません。

1　記録して　　　　2　記述して　　　　3　記憶して　　　　4　自覚して

問題5 つぎのことばの使い方として最もよいものを、1・2・3・4から一つえらびなさい。

31 不安だ

1 余震の続く中、人々は<u>不安</u>な一夜を過ごした。

2 子育てを一人ですることに<u>不安</u>する母親が多い。

3 大学に合格するか<u>不安</u>に日々を過ごした。

4 最近、携帯電話がないと<u>不安</u>をする人が増えている。

32 せめて

1 <u>せめて</u>日曜日ぐらいゆっくり寝かせてくれよ。

2 昼寝をするといっても<u>せめて</u>30分くらいだ。

3 <u>せめて</u>がんばってもこの程度の給料しかもらえない。

4 彼が出来る料理なんて<u>せめて</u>インスタントラーメンぐらいだろう。

33 節約

1 彼女はダイエットのため食事を<u>節約</u>した。

2 好きな食べ物は最後まで<u>節約</u>しておく方だ。

3 給料日前なので、できるだけ<u>節約</u>しなければならない。

4 日本語にはリモコンなどの<u>節約</u>した言葉が多い。

34 どっと

1 次にめんをどっとゆでてください。

2 格安の商品に人々がどっと押し寄せた。

3 うちの部長はどっとしやすいタイプだ。

4 文化祭も無事終わりどっとしました。

35 なるべく

1 明日なるべく早く来てください。

2 なるべく生活が楽になってきた。

3 なるべくのことに備えてお金をためている。

4 なるべく明日野球の決勝戦が開かれる。

틀리기 쉬운 한자

★는 일본어능력시험에 자주 나오는 것

中	ちゅう	中止: 중지　中国: 중국　中毒: 중독　中旬: 중순 中心: 중심
	じゅう	世界中: 전세계　一日中: 하루종일　一晩中: 밤새
修	しゅう	修了: 수료　修理: 수리　修繕: 수선　修士: 석사
	★しゅ	修行: 수행
図	と	図書館: 도서관　意図: 의도
	★ず	地図: 지도　図案: 도안　図面: 도면　合図: 신호 指図: 지시
解	かい	解決: 해결　解答: 해답　解散: 해산
	★げ	解熱: 해열
合	ごう	合格: 합격　合同: 합동　合理: 합리　合意: 합의
	★がっ	合併: 합병　合宿: 합숙　合唱: 합창　合奏: 합주 合致: 일치

:: **명사**

	단어	의미		단어	의미		단어	의미
☐	間 あいだ	사이, 관계	☐	呼吸 こきゅう	호흡	☐	テスト	시험
☐	移転 いてん	이전	☐	国民 こくみん	국민	☐	ドライブ	드라이브
☐	受付 うけつけ	접수, 창구	☐	小包 こづつみ	소포	☐	中 なか	안
☐	運転 うんてん	운전	☐	仕方 しかた	방법	☐	何千人 なんぜんにん	수천 명
☐	映画 えいが	영화	☐	事業 じぎょう	사업	☐	評価 ひょうか	평가
☐	応対 おうたい	접대, 응대	☐	事実 じじつ	사실	☐	表現 ひょうげん	표현
☐	お客様 きゃくさま	손님	☐	辞書 じしょ	사전	☐	評判 ひょうばん	평판
☐	親子 おやこ	부모 자식	☐	自信 じしん	자신	☐	服 ふく	옷
☐	海外 かいがい	해외	☐	習慣 しゅうかん	습관	☐	船 ふね	배
☐	海岸 かいがん	해안	☐	手段 しゅだん	수단	☐	ペンキ	페인트
☐	過程 かてい	과정	☐	条件 じょうけん	조건	☐	ポケット	주머니
☐	壁 かべ	벽	☐	ジョギング	조깅	☐	間違い まちが	틀림, 실수
☐	カロリー	칼로리	☐	政府 せいふ	정부	☐	免許 めんきょ	면허
☐	革 かわ	가죽	☐	設備 せつび	설비	☐	物語 ものがたり	이야기, 소설
☐	漢字 かんじ	한자	☐	全速力 ぜんそくりょく	전속력	☐	友人 ゆうじん	친구
☐	休息 きゅうそく	휴식	☐	増加 ぞうか	증가	☐	ラストシーン	라스트 신
☐	霧 きり	안개	☐	祖母 そぼ	할머니	☐	流行 りゅうこう	유행
☐	近年 きんねん	최근 몇 년	☐	空 そら	하늘, 공중	☐	例外 れいがい	예외
☐	雲 くも	구름	☐	団体 だんたい	단체	☐	レポート	리포트

	景色 けしき	경치		調査 ちょうさ	조사		若者 わかもの	젊은 사람
	原因 げんいん	원인		津波 つなみ	해일, 쓰나미		割引 わりびき	할인

동사

단어	의미		단어	의미		단어	의미
入れる い	넣다		暮らす く	살다, 지내다		届く とど	도달하다, 도착하다
失う うしな	잃다		しまう	치우다, 간수하다		取る と	따다, 취하다
疑う うたが	의심하다		示す しめ	가리키다, 보이다		塗る ぬ	바르다, 칠하다
影響する えいきょう	영향을 주다		座る すわ	앉다		払う はら	지불하다
感心する かんしん	칭찬할 만하다 여김		尽くす つ	다하다		迷う まよ	헤매다, 방황하다
聞こえる き	들리다		伝える つた	전하다		めがねを かける	안경을 쓰다
着る き	입다		通りすぎる とお	지나가다		目立つ めだ	눈에 띄다

형용사

단어	의미		단어	의미		단어	의미
青い あお	파랗다		白い しろ	하얗다		貧しい まず	가난하다
あきらかだ	분명하다, 명백하다		親切だ しんせつ	친절하다		難しい むずか	어렵다
新ただ あら	새롭다		すまない	미안하다		申し訳ない もう わけ	미안하다, 죄송스럽다
うれしい	기쁘다		大変だ たいへん	힘들다, 대단하다		安い やす	싸다
遅い おそ	늦다		正しい ただ	올바르다		厄介だ やっかい	성가시다, 번거롭다
同じだ おな	같다		遠い とお	멀다		豊かだ ゆた	풍부하다
きつい	고되다, 꽉끼다		苦手だ にがて	서투르다		弱い よわ	약하다
地味だ じみ	수수하다, 검소하다		貧乏だ びんぼう	가난하다		立派だ りっぱ	멋지다, 뛰어나다

나머지 품사

	단어	의미		단어	의미		단어	의미
☐	あらゆる	모든	☐	～沿い	~을 따라서	☐	時々	가끔
☐	いつか	언젠가	☐	～ために	~을 위해	☐	はじめて	최초로, 처음으로
☐	一緒に	함께	☐	～だらけ	~투성이	☐	～ほか	~외에, 다른
☐	実に	실로	☐	ついに	마침내, 드디어	☐	ほとんど	거의, 대부분
☐	じゃ	그러면	☐	つねに	항상	☐	本当に	정말이지, 실로, 참으로
☐	少し	조금	☐	～といい	~하면 좋다	☐	わざわざ	일부러

問題1 ＿＿＿のことばの読み方として最もよいものを、1・2・3・4から一つえらびなさい。

1 近年、企業の海外移転が増加している。
　　1 いどう　　　　2 いてん　　　　3 うんてん　　　　4 かいてん

2 青い空に白い雲、本当に今日はいい天気だ。
　　1 そら　　　　　2 ゆき　　　　　3 くも　　　　　　4 きり

3 ときどきは休息することも悪いことじゃありません。
　　1 やすため　　　2 ひといき　　　3 きゅうそく　　　4 きゅうけい

4 社員割引で安く買うことができます。
　　1 はるひき　　　2 わりばし　　　3 げんいん　　　　4 わりびき

5 毎朝、ジョギングをすることを習慣にしています。
　　1 かんしゅう　　2 ふくしゅう　　3 しゅうかん　　　4 かんかく

6 団体で行動することが苦手です。
　　1 ていたい　　　2 えきたい　　　3 きたい　　　　　4 だんたい

7 じゃあ、山田さんにも伝えておいてね。
　　1 おしえて　　　2 つたえて　　　3 くわえて　　　　4 かかえて

8 どんなことにも例外というのはある。
　　1 いがい　　　　2 いかい　　　　3 れいがい　　　　4 れいかい

問題2 ＿＿＿＿のことばを漢字で書くとき、最もよいものを、1・2・3・4から一つえらびなさい。

[9] 今月のやちんを払ったら、もうお金がないよ。
　　　1 月給　　　　　2 家賃　　　　　3 部屋　　　　　4 給料

[10] うちゅうを旅行できるようになる日も遠くないだろう。
　　　1 地球　　　　　2 雨中　　　　　3 地上　　　　　4 宇宙

[11] こちらにすわってお待ちください。
　　　1 立って　　　　2 座って　　　　3 走って　　　　4 帰って

[12] 正しいこきゅうの仕方を覚えておくといいですよ。
　　　1 呼吸　　　　　2 高級　　　　　3 吸収　　　　　4 豪華

[13] じょうけんで人を決めるのはよくない。
　　　1 提案　　　　　2 性格　　　　　3 値段　　　　　4 条件

[14] あの人のわらう声をきくとうれしくなる。
　　　1 泣う　　　　　2 喜う　　　　　3 笑う　　　　　4 悲う

問題3 （　　　）に入れるのに最もよいものを、1・2・3・4から一つえらびなさい。

15 部屋の壁にペンキを（　　　）ください。
　　1 塗って　　　　　2 割って　　　　　3 貼って　　　　　4 掘って

16 この食品は（　　　）が低い。
　　1 メーター　　　　2 カロリー　　　　3 パーセント　　　4 アクセント

17 彼は（　　　）ポケットに手を入れて歩いている。
　　1 つねに　　　　　2 ついに　　　　　3 じきに　　　　　4 じつに

18 受付の応対は、会社の（　　　）に影響する。
　　1 裁判　　　　　　2 評価　　　　　　3 反対　　　　　　4 永遠

19 友人から（　　　）小包を開けてみました。
　　1 解いた　　　　　2 抱いた　　　　　3 届いた　　　　　4 効いた

20 祖母は体が弱くなってから、（　　　）の時間を家の中で過ごしている。
　　1 たまたま　　　　2 ぜったい　　　　3 ほとんど　　　　4 さっぱり

21 今度のテストは（　　　）があります。
　　1 身分　　　　　　2 自身　　　　　　3 自信　　　　　　4 新聞

22 津波のため何千人もの人が家を（　　　）。
　　1 うしなった　　　2 うたった　　　　3 うたがった　　　4 おぎなった

23 試験を始めますから、辞書はかばんの中に（　　　）ください。
　　1 とじて　　　　　2 しまって　　　　3 ためて　　　　　4 さして

[24] 彼女は目立つことが嫌いで、いつも(　　　　　)服を着ている。

    1 はでな　　　　　2 じみな　　　　　3 おなじな　　　　　4 あらたな

[25] 車が(　　　　　)速力で通り過ぎた。

    1 試　　　　　2 全　　　　　3 再　　　　　4 時

問題4 _____ に意味が最も近いものを、1・2・3・4から一つえらびなさい。

[26] 政府は、国民のためにあらゆる手段を尽くした。

    1 ほとんどの　　　　2 いつもの　　　　3 少しの　　　　4 全ての

[27] 最近、若者の間で革のコートがはやっている。

    1 通行して　　　　2 流行して　　　　3 修行して　　　　4 移行して

[28] わざわざ来てくださったお客様に本当に申し訳ないことをした。

    1 つまらない　　　　2 あぶない　　　　3 すまない　　　　4 いけない

[29] 今回のレポートは本当にきついと思います。

    1 大変だ　　　　2 大事だ　　　　3 単純だ　　　　4 簡単だ

[30] たとえ貧乏でも、親子一緒に暮らせるのが一番だ。

    1 まぶしくても　　　2 まずしくても　　　3 おかしくても　　　4 あやしくても

問題5　つぎのことばの使い方として最もよいものを、1・2・3・4から一つえらびなさい。

31　だらけ

　　1　そのレポートは字が間違いだらけだった。

　　2　そのレポートは漢字がむずかしいだらけだ。

　　3　そのレポートは字が厄介だらけだった。

　　4　そのレポートは漢字が迷うだらけだった。

32　あきらかだ

　　1　親切だと思っていたのにあきらかに不親切だった。

　　2　めがねをかけると景色があきらかに見えた。

　　3　調査の過程で事実があきらかになった。

　　4　先生の声があきらかに聞こえた。

33　ドライブ

　　1　船をドライブするために免許をとった。

　　2　遅くなったので、彼女を家までドライブした。

　　3　天気がいいので、海岸沿いをドライブすることにした。

　　4　いつか電車をドライブしてみたい。

[34] 感心

　1　鈴木さんの話にはいつも感心させられる。

　2　新たな事業に多くの人が感心を示した。

　3　映画のラストシーンで感心をうけた。

　4　りっぱな設備に誰もが感心になった。

[35] 実に

　1　実に読んでみたが、他の物語とは少し違っていた。

　2　この物語は表現がゆたかで、実におもしろい。

　3　この物語は実にわたしが書いたものだ。

　4　実にいうと物語を書いたのははじめてだ。

시험에 강해지는 TIP

틀리기 쉬운 한자

★는 일본어능력시험에 자주 나오는 것

治	ち	自治(じ ち) : 자치　統治(とう ち) : 통치　治療(ち りょう) : 치료　治安(ち あん) : 치안
	★じ	政治(せい じ) : 정치　主治医(しゅ じ い) : 주치의　退治(たい じ) : 퇴치
正	せい	正義(せい ぎ) : 정의　正当(せい とう) : 정당　正常(せい じょう) : 정상　正確(せい かく) : 정확
	★しょう	正面(しょう めん) : 정면　正体(しょう たい) : 정체　正直(しょう じき) : 정직　正月(しょう がつ) : 정월 正午(しょう ご) : 정오
直	ちょく	率直(そっ ちょく) : 솔직　直線(ちょく せん) : 직선　直前(ちょく ぜん) : 직전
	★じき	正直(しょう じき) : 정직
水	すい	水曜日(すい よう び) : 수요일　水道(すい どう) : 수도　水泳(すい えい) : 수영　水分(すい ぶん) : 수분
	★ずい	洪水(こう ずい) : 홍수
登	とう	登場(とう じょう) : 등장　登校(とう こう) : 등교　登記(とう き) : 등기　登録(とう ろく) : 등록
	★と	登山(と ざん) : 등산

89

명사

	단어	의미		단어	의미		단어	의미
☐	アドレス	주소	☐	恋人 こいびと	애인	☐	チケット	티켓, 표
☐	一緒 いっしょ	함께 함	☐	公園 こうえん	공원	☐	中毒 ちゅうどく	중독
☐	以内 いない	이내	☐	コンビニ	편의점	☐	彫刻 ちょうこく	조각
☐	田舎 いなか	시골	☐	最高 さいこう	최고	☐	都合 つごう	형편, 사정
☐	色 いろ	색	☐	作業 さぎょう	작업	☐	登山 とざん	등산
☐	海 うみ	바다	☐	昨夜 さくや	어젯밤	☐	ドラマ	드라마
☐	雨量 うりょう	강우량	☐	左右 さゆう	좌우	☐	努力 どりょく	노력
☐	駅 えき	역	☐	産業 さんぎょう	산업	☐	入院 にゅういん	입원
☐	大雨 おおあめ	많은 비	☐	塩 しお	소금	☐	花束 はなたば	꽃다발
☐	お酒 さけ	술	☐	週末 しゅうまつ	주말	☐	副作用 ふくさよう	부작용
☐	過去 かこ	과거	☐	手段 しゅだん	수단	☐	服装 ふくそう	복장
☐	ガス	가스	☐	趣味 しゅみ	취미	☐	プレゼント	선물
☐	機械 きかい	기계	☐	正面 しょうめん	정면	☐	街 まち	거리, 마을
☐	希望 きぼう	희망	☐	将来 しょうらい	미래, 장래	☐	窓 まど	창문
☐	漁業 ぎょぎょう	어업	☐	食品 しょくひん	식품	☐	窓口 まどぐち	창구
☐	記録 きろく	기록	☐	初心者 しょしんしゃ	초심자, 풋내기	☐	向かい む	맞은편
☐	空港 くうこう	공항	☐	成功 せいこう	성공	☐	昔 むかし	옛날
☐	薬 くすり	약	☐	そば	옆	☐	メール	메일, 문자

☐	靴 くつ	구두	☐	タクシー	택시	☐	指輪 ゆびわ	반지
☐	月給 げっきゅう	월급	☐	ただ	무료, 공짜	☐	論文 ろんぶん	논문

∴ 동사

	단어	의미		단어	의미		단어	의미
☐	上がる あ	오르다	☐	くたびれる	피곤하다, 녹초가 되다	☐	亡くなる な	돌아가시다
☐	開ける あ	열다	☐	区別がつく く べつ	구별이 되다	☐	働く はたら	일하다
☐	現われる あら	나타나다	☐	苦労する く ろう	고생하다	☐	話しかける はな	말을 걸다
☐	安心する あんしん	안심하다	☐	差し支える さ つか	지장이 있다	☐	日が沈む ひ しず	해가 지다
☐	受ける う	받다, 시험 치르다	☐	知る し	알다	☐	引っ越す ひ こ	이사하다
☐	かまう	상관하다	☐	育つ そだ	자라다	☐	実る みの	열매를 맺다, 결실을 맺다
☐	変わる か	바뀌다, 변하다	☐	続ける つづ	계속하다	☐	やる	하다
☐	気がつく き	알아차리다	☐	出会う で あ	(우연히) 만나다	☐	別れる わか	헤어지다
☐	切れる き	떨어지다, 끊어지다	☐	溶ける と	녹다	☐	渡る わた	건너다

∴ 형용사

	단어	의미		단어	의미		단어	의미
☐	安全だ あんぜん	안전하다	☐	巨大だ きょだい	거대하다	☐	単純だ たんじゅん	단순하다
☐	重い おも	무겁다	☐	細かい こま	잘다, 사소하다	☐	つらい	괴롭다
☐	かっこいい	멋있다, 근사하다	☐	親しい した	친하다	☐	朗らかだ ほが	명랑하다
☐	軽い かる	가볍다	☐	丈夫だ じょうぶ	튼튼하다	☐	夢中だ むちゅう	열중하다, 빠지다

:: 나머지 품사

	단어	의미		단어	의미		단어	의미
☐	あまり	그다지, 별로	☐	しっかり	정신차려서, 단단히	☐	～つづける	계속 ~하다
☐	あるいは	혹은	☐	少ししか	조금 밖에	☐	ばったり	뜻밖에 마주침
☐	一緒に	함께	☐	少しも	조금도	☐	～ぶり	~만에
☐	今まで	지금까지	☐	少しだけ	약간, 조금	☐	～ほど	정도, 만큼
☐	いろいろ	여러 가지	☐	すっきり	산뜻이, 말쑥이	☐	～まま	~대로
☐	主な	주된	☐	ずっと	쭉, 훨씬	☐	まもなく	머지않아, 곧
☐	～から	~부터	☐	～だけ	~만은, 만큼은	☐	もし	혹시, 만일
☐	～くらい	~정도	☐	確か	틀림없이, 확실히	☐	～やすい	~하기 쉽다
☐	このまま	이대로	☐	～たほうがいい	~하는 편이 낫다	☐	ゆっくり	천천히, 느긋하게
☐	これまで	이제까지	☐	～ため	~위해	☐	わずかに	조금, 약간

問題1 _____のことばの読み方として最もよいものを、1・2・3・4から一つえらびなさい。

[1] 彼は正面から見るとあまりかっこよくない。
　　1 せいめん　　　2 しょうめん　　　3 たいまん　　　4 ぜんめん

[2] 昨夜からの大雨で、過去最高の雨量を記録した。
　　1 うりょう　　　2 あまりょ　　　3 あめりょう　　　4 うりょ

[3] 左右をよくみて道を渡ってください。
　　1 さう　　　　　2 さゆう　　　　3 さいゆう　　　　4 さいふ

[4] 空港までは、タクシーで30分くらいです。
　　1 こうくう　　　2 こんはん　　　3 くうこう　　　4 はんこう

[5] 荷物が重くて、もう歩けない。
　　1 かもつ　　　　2 かぶつ　　　　3 にもつ　　　　4 にもの

[6] 登山するときは準備をしっかりとしましょう。
　　1 とうさん　　　2 とうざん　　　3 とざん　　　　4 かざん

[7] 論文のためにいろいろな調査をしています。
　　1 のんぶん　　　2 のんもの　　　3 ろんもん　　　4 ろんぶん

[8] 私は海のそばで育ちました。
　　1 まち　　　　　2 そだち　　　　3 たち　　　　　4 かたち

問題2 ＿＿＿のことばを漢字で書くとき、最もよいものを、1・2・3・4から一つえらびなさい。

9 今までにIQテストをうけたことがありますか。

    1 書けた　　　　　2 溶けた　　　　　3 受けた　　　　　4 助けた

10 5分いないに全部食べられたらただになります。

    1 意外　　　　　　2 以内　　　　　　3 以上　　　　　　4 意下

11 このままずっと楽しい日々がつづいたらいいな。

    1 信いたら　　　　2 連いたら　　　　3 続いたら　　　　4 届いたら

12 これまで見たこともないきょだいな犬だ。

    1 拡大　　　　　　2 巨大　　　　　　3 去年　　　　　　4 壮代

13 こまかいことを言わない人が好きだ。

    1 詳かい　　　　　2 暖かい　　　　　3 細かい　　　　　4 長かい

14 成功するためなら、しゅだんは何であってもかまわない。

    1 手続　　　　　　2 方法　　　　　　3 集団　　　　　　4 手段

問題3 （　　　　）に入れるのに最もよいものを、1・2・3・4から一つえらびなさい。

15 塩が（　　　　）いるから、買って来てください。

    1 きれて　　　　　2 たまって　　　　3 あつまって　　　　4 とまって

16 機械を使った（　　　　）は危ないですから、気をつけてください。

    1 動作　　　　　　2 作業　　　　　　3 作用　　　　　　4 作品

17 努力が（　　　　　）希望の大学に合格することができました。
　　1 あこがれて　　　2 ゆるして　　　3 みのって　　　4 あやまって

18 この町の（　　　　　）産業は漁業である。
　　1 きれいな　　　2 おもな　　　3 まじめな　　　4 ほがらかな

19 薬の（　　　　　）作用で苦労している。
　　1 副　　　2 否　　　3 不　　　4 富

20 家の（　　　　　）で田舎に引っ越しました。
　　1 都合　　　2 場合　　　3 現在　　　4 用事

21 服装だけでは男と女の（　　　　　）がつかない。
　　1 区間　　　2 区別　　　3 区域　　　4 地区

22 （　　　　　）友達と別れるのはつらい。
　　1 くるしい　　　2 したしい　　　3 うれしい　　　4 かなしい

23 街で昔の恋人に（　　　　　）出会った。
　　1 すっきり　　　2 ばったり　　　3 きっと　　　4 びっくり

24 『もも太郎』という話は、だれでも知っている（　　　　　）である。
　　1 物語　　　2 説明　　　3 設備　　　4 辞書

25 私の趣味はテレビの（　　　　　）をみることです。
　　1 ドレス　　　2 トイレ　　　3 ドイツ　　　4 ドラマ

問題4 _____ に意味が最も近いものを、1・2・3・4から一つえらびなさい。

26　もし差し支えなければ、メールアドレスもお書きください。

　　1　しらなければ　　　　　　　　2　かまわなければ

　　3　気になれば　　　　　　　　　4　しかたなければ

27　働き続けて、本当にくたびれた。

　　1　ねむった　　　2　つかれた　　　3　きまった　　　4　たおれた

28　去年より給料が3％上がりました。

　　1　家賃　　　　　2　料理　　　　　3　材料　　　　　4　月給

29　事故が起きた時のことはわずかに覚えている。

　　1　少しだけ　　　2　たしかに　　　3　少ししか　　　4　まもまく

30　このゲームのルールは単純だから、一緒にやってみましょう。

　　1　知らない　　　2　分かりやすい　　3　知っている　　4　分かりにくい

問題5　つぎのことばの使い方として最もよいものを、1・2・3・4から一つえらびなさい。

31　少しも

　1　明日も忙しいのだから、少しも寝た方がいいですよ。

　2　10年ぶりに会ったが、少しも変わっていなくて安心した。

　3　明日は週末なので、少しもゆっくりお酒が飲めます。

　4　食品は、少しも高くても、安全で良いものを買いたい。

32　むかい

　1　最近、むかいの家に新しい家族が引っ越してきた。

　2　山のむかいに日が沈んでいく。

　3　近くの駅まで友人がむかいに来てくれた。

　4　この教科書は初心者むかいに書かれている。

33　夢中だ

　1　昨日、夢中に亡くなった祖父が現れた。

　2　彼女は最近、新しいゲームに夢中になっている。

　3　彼は話しかけても気がつかないほど、仕事に夢中していた。

　4　最近、将来について夢中に考えている。

34 あるいは

1 チケットはコンビニあるいは駅の窓口でお買いください。

2 彼女の誕生日に指輪あるいは花束をプレゼントした。

3 この靴は軽くて、あるいは丈夫だ。

4 窓を開けるとあるいは雪が降っていた。

35 中毒

1 太郎は勉強に中毒した。

2 ガス中毒で入院した。

3 公園の彫刻が雨の中毒で色が変わった。

4 彼はお酒に中毒している。

틀리기 쉬운 한자

者	しゃ	医者 : 의사　　学者 : 학자　　記者 : 기사　　筆者 : 필자 両者 : 양자
	★じゃ	患者 : 환자　　信者 : 신자　　長者 : 장자, 연장자
心	しん	心配 : 걱정　　安心 : 안심　　心臓 : 심장　　中心 : 중심 心理 : 심리
	★じん	用心 : 주의, 조심함
発	★はつ	爆発 : 폭발　　発売 : 발매　　発明 : 발명　　発音 : 발음 ※出発 : 출발
	★ほっ	発作 : 발작
言	げん	言語 : 언어　　言論 : 언론　　助言 : 조언　　発言 : 발언
	★ごん	無言 : 무언　　遺言 : 유언　　伝言 : 전언
人	じん	主人 : 남편　　美人 : 미인　　人口 : 인구　　老人 : 노인 人類 : 인류
	★にん	人気 : 인기　　人間 : 인간　　人参 : 당근　　人数 : 인원수 人情 : 인정

Part **3**

N3 문자 · 어휘

총 10회분

출제 예상 단어를 중심으로
新일본어 능력시험
고득점 획득하기

:: 명사

단어	의미	단어	의미	단어	의미
□ 相手 あいて	상대	□ あたり	근처, 주변	□ 妻 つま	아내
□ 後 あと	이후	□ ～際 さい	~때	□ ところ	곳
□ 意見 いけん	의견	□ 才能 さいのう	재능	□ となり	옆
□ 英語 えいご	영어	□ 茶道 さどう	다도	□ 年齢 ねんれい	연령
□ お年 とし	나이	□ 作法 さほう	예의범절	□ 能力 のうりょく	능력
□ オリンピック	올림픽	□ 実現 じつげん	실현	□ 場合 ばあい	경우, 때
□ 画家 がか	화가	□ 社会 しゃかい	사회	□ 場面 ばめん	장면
□ 各国 かっこく	각국	□ 首相 しゅしょう	수상	□ 評価 ひょうか	평가
□ 家庭 かてい	가정	□ 収入 しゅうにゅう	수입	□ 病気 びょうき	병
□ 子供 こども	아이, 어린이	□ 上司 じょうし	상사	□ 不平 ふへい	불평
□ 角 かど	모퉁이	□ 身体的 しんたいてき	신체적	□ 平均 へいきん	평균
□ 環境 かんきょう	환경	□ 水泳 すいえい	수영	□ マラソン	마라톤
□ 共通語 きょうつうご	공통어	□ 姿 すがた	모습	□ 未来 みらい	미래
□ クラス	학급, 반	□ 選手 せんしゅ	선수	□ 向き むき	방향, ~향
□ 計画 けいかく	계획	□ 代表 だいひょう	대표	□ 娘 むすめ	딸
□ 結果 けっか	결과	□ 食べ物 たべもの	음식	□ 無料 むりょう	무료
□ 健康 けんこう	건강	□ 誰 だれ	누구	□ メモ	메모
□ 現代 げんだい	현대	□ 短所 たんしょ	단점	□ 面接 めんせつ	면접

□	合格者 _{ごうかくしゃ}	합격자	□	チーム	팀	□	文句 _{もん く}	불평, 불만
□	交換 _{こうかん}	교환	□	地球 _{ち きゅう}	지구	□	問題 _{もんだい}	문제
□	交通量 _{こうつうりょう}	교통량	□	調整 _{ちょうせい}	조정	□	勇気 _{ゆう き}	용기
□	告白 _{こくはく}	고백	□	通知 _{つう ち}	통지	□	輸入 _{ゆ にゅう}	수입

동사

	단어	의미		단어	의미		단어	의미
□	安心する _{あんしん}	안심하다	□	かわいがる	귀여워하다	□	失礼する _{しつれい}	실례하다
□	息をする _{いき}	숨을 쉬다	□	感謝する _{かんしゃ}	감사하다	□	ストレスが たまる	스트레스가 쌓이다
□	選ぶ _{えら}	선택하다, 고르다	□	嫌う _{きら}	싫어하다	□	倒れる _{たお}	쓰러지다, 넘어지다
□	得る _え	얻다	□	工夫する _{く ふう}	궁리하다, 생각하다	□	閉じる _と	(눈) 감다
□	思う _{おも}	생각하다	□	消す _け	끄다, 없애다	□	習う _{なら}	배우다
□	下ろす _お	내리다	□	支える _{ささ}	지탱하다, 떠받치다	□	残す _{のこ}	남기다
□	帰ってくる _{かえ}	돌아오다	□	強いる _し	강요하다, 강제하다	□	曲がる _ま	돌다, 굽다

형용사

	단어	의미		단어	의미		단어	의미
□	うるさい	시끄럽다, 귀찮다	□	静かだ _{しず}	조용하다	□	得意だ _{とく い}	잘한다
□	おいしい	맛있다	□	心配だ _{しんぱい}	걱정스럽다	□	ひどい	심하다
□	かってだ	제멋대로이다, 건방지다	□	少ない _{すく}	적다	□	安い _{やす}	싸다
□	苦しい _{くる}	괴롭다	□	強い _{つよ}	강하다	□	わがままだ	제멋대로이다

나머지 품사

	단어	의미		단어	의미		단어	의미
☐	一番 (いちばん)	가장	☐	そろそろ	슬슬	☐	何でも (なん)	뭐든지
☐	～がる	~(해)하다	☐	～だけではない	~뿐만 아니라	☐	～について	~에 대해서
☐	結局 (けっきょく)	결국	☐	たった	겨우, 단지, 오로지	☐	～ので	~때문에
☐	幸いに (さいわ)	다행히	☐	ちゃんと	빈틈없이, 착실히, 제대로	☐	～ばかり	~만
☐	～しなきゃ	~하지 않으면 (しなければ의 축약형)	☐	どうしても	반드시, 꼭	☐	～はじめる	~하기 시작하다
☐	じろじろ	빤히, 유심히 쳐다보는 모양	☐	～として	~로서	☐	～より	~보다
☐	ぜひ	꼭	☐	とても	매우, 대단히	☐	夜遅く (よるおそ)	밤늦게
☐	全然 (ぜんぜん)	전혀	☐	どんどん	자꾸, 계속, 척척	☐	非常に (ひじょう)	매우, 대단히

問題1 _____ のことばの読み方として最もよいものを、1・2・3・4 から一つえらびなさい。

1 すみませんが、そこの角を曲がったところで下ろしてください。

　　1 かく　　　　　2 みぎ　　　　　3 かど　　　　　4 よこ

2 各国の意見が違うので、会議では調整が大変だ。

　　1 けこく　　　　2 きょうこく　　3 かっこく　　　4 けっきょく

3 仕事は工夫してなるべく早く終わるようにしなきゃ。

　　1 こうふ　　　　2 こふう　　　　3 くうふ　　　　4 くふう

4 茶道を習いはじめたが、作法が難しい。

　　1 さくほう　　　2 さほう　　　　3 さくぼう　　　4 さふう

5 今の日本の首相はだれですか。

　　1 すそう　　　　2 そうしょう　　3 しゅうしょう　4 しゅしょう

6 現代社会で英語は世界の共通語である。

　　1 こうつう　　　2 きょうつう　　3 こうかん　　　4 きょうかん

7 勇気を出して彼女に告白した。

　　1 ゆうき　　　　2 ようき　　　　3 ふうき　　　　4 だんき

8 今まで支えてくれた妻に感謝したいです。

　　1 しえて　　　　2 ささえて　　　3 おさえて　　　4 かさえて

問題 2 _____ のことばを漢字で書くとき、最もよいものを、1・2・3・4から一つえらびなさい。

9 地球の未来のために<u>かんきょう</u>問題について考えましょう。
    1 環境   2 還境   3 環京   4 還況

10 <u>さいわい</u>にも、ひどい病気ではなかったので安心しました。
    1 災い   2 幼い   3 幸い   4 辛い

11 遅くまで娘が帰ってこないので、とても<u>しんぱい</u>だ。
    1 苦労   2 真配   3 心配   4 心労

12 明日は試験だから遊んでる<u>ばあい</u>じゃないよ。
    1 場面   2 具合   3 試合   4 場合

13 私は料理することより食べることが<u>とくい</u>なんです。
    1 得意   2 特異   3 徳意   4 特志

14 食べ物を<u>のこして</u>はいけません。
    1 余して   2 残して   3 落ちて   4 移して

問題 3 （　　　）に入れるのに最もよいものを、1·2·3·4 から一つえらびなさい。

15 人の話をちゃんと聞かないのが彼の（　　　）です。
　　1 短所　　　　　　2 長所　　　　　　3 短点　　　　　　4 長点

16 目を（　　　）二人の未来を考えました。
　　1 止めて　　　　　2 閉じて　　　　　3 閉めて　　　　　4 入れて

17 彼は水泳でオリンピック代表（　　　）に選ばれました。
　　1 社員　　　　　　2 歌手　　　　　　3 知識　　　　　　4 選手

18 子供の部屋を作る場合、南（　　　）の部屋にした方がいいです。
　　1 沿い　　　　　　2 向き　　　　　　3 建て　　　　　　4 続き

19 ストレスが（　　　）彼女は結局、倒れてしまいました。
　　1 まって　　　　　2 ためて　　　　　3 たまって　　　　　4 つかって

20 上司は彼の能力を高く（　　　）した。
　　1 栽培　　　　　　2 裁判　　　　　　3 賛成　　　　　　4 評価

21 面接の合格者には電話で（　　　）します。
　　1 通常　　　　　　2 通知　　　　　　3 通勤　　　　　　4 通用

21 もうこんな時間ですね。では（　　　）失礼します。
　　1 ゆっくり　　　　2 そろそろ　　　　3 じろじろ　　　　4 どんどん

23 このあたりは交通（　　　）が少ない静かなところです。
　　1 網　　　　　　　2 数　　　　　　　3 量　　　　　　　4 率

[24] 田中さんは何でも（　　　　）する習慣があります。

　　1 ヒント　　　　　2 テンポ　　　　　3 メーカー　　　　4 メモ

[25] あの事件の後、彼は（　　　　）を消しました。

　　1 姿　　　　　　2 暇　　　　　　3 表　　　　　4 車

問題4　＿＿＿＿に意味が最も近いものを、1・2・3・4から一つえらびなさい。

[26] 本当にただでご飯が食べられるのですか。

　　1 有料　　　　　2 無料　　　　　3 全部　　　　　4 一人

[27] 彼はかってなことばかり言うので、みんなに嫌われている。

　　1 わがままな　　　2 みごとな　　　3 へいきな　　　4 おだやかな

[28] 高いところに行くと、息をするのもくるしくなる。

　　1 おいしく　　　　2 おもしろく　　　3 つらく　　　　4 たのしく

[29] 彼はいつも文句ばかり言っている。

　　1 不良　　　　　2 公平　　　　　3 不平　　　　　4 公正

[30] 先生にぜひお会いしたいのです。

　　1 やっぱり　　　　2 いつでも　　　3 まず　　　　4 どうしても

問題5　つぎのことばの使い方として最もよいものを、1・2・3・4から一つえらびなさい。

31 苦労

　1 母はこれまで苦労ばかりしてきた。

　2 相手チームが強くて試合では苦労を強いられている。

　3 夜遅くまでうるさいので、となりの人に苦労を言った。

　4 この病気の大変さは身体的苦労だけではない。

32 かわいがる

　1 犬はかわいがって、家から出てこない。

　2 このカップは安いから、かわいがってください。

　3 祖母は私をとてもかわいがってくれた。

　4 たった一人でここまでやったなんて、本当にかわいがる。

33 才能

　1 彼女は画家として非常に才能がある。

　2 オリンピックの才能はマラソンである。

　3 アルバイトだけでは才能な収入は得られない。

　4 この計画は実現才能だと思います。

34 どんどん

1 彼とはどんどんなかよくなれない。

2 すぐには無理でもどんどん理解できるようになるでしょう。

3 私を待たないでどんどん先を歩いていく。

4 テストは全然できなくて、どんどんの結果だった。

35 平均

1 彼女は平均の家庭にうまれた。

2 彼女はお年より平均している。

3 このクラスの平均年齢は15歳です。

4 一番平均なことは健康である。

틀리기 쉬운 한자

工	こう	こうじょう 工場 : 공장　か こう 加工 : 가공　じんこう 人工 : 인공　こうぎょう 工業 : 공업
	★く	く ふう 工夫 : 궁리, 아이디어　さい く 細工 : 세공
悪	あく(あっ)	あくじゅんかん 悪循環 : 악순환　あく ま 悪魔 : 악마　あっ か 悪化 : 악화
	★お	ぞう お 憎悪 : 증오
去	★きょ	きょ ねん 去年 : 작년　じょきょ 除去 : 제거
	こ	か こ 過去 : 과거
色	しょく	とくしょく 特色 : 특색　き しょく 気色 : 기색
	★しき	け しき 景色 : 경치　しきさい 色彩 : 색채
貧	★ひん	ひん ぷ 貧富 : 빈부　ひんこん 貧困 : 빈곤　ひんじゃく 貧弱 : 빈약
	びん	びんぼう 貧乏 : 가난
省	せい	はんせい 反省 : 반성　き せい 帰省 : 귀성
	しょう	しょうりゃく 省略 : 생략

03 기출 핵심 단어 10

∷ 명사

	단어	의미		단어	의미		단어	의미
☐	医者 (いしゃ)	의사	☐	コンディション	컨디션	☐	店内 (てんない)	가게 안
☐	命 (いのち)	목숨	☐	コンビニ	편의점	☐	ところ	부분, 곳
☐	うち	우리	☐	才能 (さいのう)	재능	☐	友達 (ともだち)	친구
☐	億 (おく)	억(단위)	☐	作業 (さぎょう)	작업	☐	入場 (にゅうじょう)	입장
☐	音楽家 (おんがくか)	음악가	☐	作家 (さっか)	작가	☐	狙い (ねらい)	목적, 목표
☐	開発 (かいはつ)	개발	☐	参考 (さんこう)	참고	☐	年末 (ねんまつ)	연말
☐	係員 (かかりいん)	담당자	☐	指示 (しじ)	지시	☐	販買 (はんばい)	판매
☐	家具 (かぐ)	가구	☐	自身 (じしん)	자신	☐	日々 (ひび)	나날
☐	学力 (がくりょく)	학력	☐	自分 (じぶん)	자기 자신	☐	秘密 (ひみつ)	비밀
☐	火事 (かじ)	화재	☐	ジュース	주스	☐	部分 (ぶぶん)	부분
☐	楽器 (がっき)	악기	☐	順番 (じゅんばん)	순번, 차례	☐	星 (ほし)	별
☐	活躍 (かつやく)	활약	☐	小説 (しょうせつ)	소설	☐	店 (みせ)	가게
☐	カメラ	카메라	☐	人口 (じんこう)	인구	☐	見出し (みだし)	표제어
☐	客 (きゃく)	손님	☐	新聞 (しんぶん)	신문	☐	みんな	모두
☐	果物 (くだもの)	과일	☐	成功 (せいこう)	성공	☐	目的 (もくてき)	목적
☐	グラフ	그래프	☐	説明 (せつめい)	설명	☐	野球 (やきゅう)	야구
☐	経済的 (けいざいてき)	경제적	☐	専門家 (せんもんか)	전문가	☐	予約 (よやく)	예약
☐	芸能人 (げいのうじん)	연예인, 예능인	☐	ダイエット	다이어트	☐	ラッシュ	러시아워

□	血圧 <ruby>けつあつ</ruby>	혈압	□	体調 <ruby>たいちょう</ruby>	몸의상태, 컨디션	□	理解 <ruby>りかい</ruby>	이해
□	元気 <ruby>げんき</ruby>	기력, 기운	□	谷 <ruby>たに</ruby>	골짜기	□	量 <ruby>りょう</ruby>	양
□	心 <ruby>こころ</ruby>	마음	□	旅 <ruby>たび</ruby>	여행	□	レシート	영수증
□	今回 <ruby>こんかい</ruby>	이번	□	テスト	시험	□	列車 <ruby>れっしゃ</ruby>	열차

동사

	단어	의미		단어	의미		단어	의미
□	集まる <ruby>あつ</ruby>	모이다	□	結論を出す <ruby>けつろん</ruby> <ruby>だ</ruby>	결론을 내다	□	省く <ruby>はぶ</ruby>	생략하다
□	要る <ruby>い</ruby>	필요하다	□	混雑する <ruby>こんざつ</ruby>	혼잡하다	□	光る <ruby>ひか</ruby>	빛나다
□	起きる <ruby>お</ruby>	일어나다	□	頭痛がする <ruby>ずつう</ruby>	두통이 나다	□	引き受ける <ruby>ひ</ruby> <ruby>う</ruby>	떠맡다
□	送る <ruby>おく</ruby>	보내다	□	倒れる <ruby>たお</ruby>	무너지다	□	引っ越す <ruby>ひ</ruby> <ruby>こ</ruby>	이사하다
□	落ち着く <ruby>お</ruby> <ruby>つ</ruby>	안정되다, 진정되다	□	確かめる <ruby>たし</ruby>	확인하다	□	ぶつかる	부딪히다, 충돌하다
□	落ちる <ruby>お</ruby>	떨어지다	□	助ける <ruby>たす</ruby>	구하다, 살리다	□	減らす <ruby>へ</ruby>	줄이다
□	かかる	(시간, 돈) 들다	□	達する <ruby>たっ</ruby>	달하다. 이르다	□	間に合う <ruby>ま</ruby> <ruby>あ</ruby>	시간에 대다
□	決める <ruby>き</ruby>	결정하다	□	続く <ruby>つづ</ruby>	계속되다, 이어지다	□	見せる <ruby>み</ruby>	보이다, 내보이다

형용사

	단어	의미		단어	의미		단어	의미
□	新しい <ruby>あたら</ruby>	새롭다	□	さわがしい	시끄럽다	□	騒々しい <ruby>そうぞう</ruby>	시끄럽다, 소란스럽다
□	嫌だ <ruby>いや</ruby>	싫다	□	重要だ <ruby>じゅうよう</ruby>	중요하다	□	調子がいい <ruby>ちょうし</ruby>	컨디션이 좋다
□	おかしい	이상하다	□	図々しい <ruby>ずうずう</ruby>	뻔뻔하다	□	仲がいい <ruby>なか</ruby>	사이가 좋다
□	嫌いだ <ruby>きら</ruby>	싫어하다	□	すばらしい	멋지다, 훌륭하다	□	もったいない	아깝다

:: 나머지 품사

	단어	의미		단어	의미		단어	의미
□	いくら～ても	아무리 ~해도	□	絶対 <small>ぜったい</small>	절대	□	どれも	어느 것도, 모두
□	永遠に <small>えいえん</small>	영원히	□	そんなに	그렇게	□	～なんて	~따위
□	必ず <small>かなら</small>	반드시	□	～たい	~싶다	□	～にとって	~에게 있어서
□	～かもしれない	~일지도 모른다	□	大変な <small>たいへん</small>	대단한	□	～ので	~때문에
□	残念ながら <small>ざんねん</small>	유감스럽게	□	～たまま	~채	□	のんびり	유유히, 한가로이
□	～すぎる	너무 ~하다	□	～てから	~하고나서	□	非常に <small>ひじょう</small>	매우
□	すっかり	완전히, 몽땅	□	どうも	어쩐지, 아무래도	□	～まで	~까지
□	～せいか	~탓인지	□	突然 <small>とつぜん</small>	돌연, 갑자기	□	～みたいだ	~인 것 같다

問題1 _____ のことばの読み方として最もよいものを、1・2・3・4 から一つえらびなさい。

1 星を見ているだけで心が落ち着く。
　　1 いし　　　　2 すし　　　　3 はし　　　　4 ほし

2 必ず成功してみせると彼は言った。
　　1 まず　　　　2 わすれず　　3 かならず　　4 かぎらず

3 永遠に続くものなんてないと思います。
　　1 えいおん　　2 おんせん　　3 すいえい　　4 えいえん

4 音楽家にとって楽器は命だ。
　　1 がっき　　　2 あっき　　　3 かっき　　　4 らっき

5 お酒を飲みすぎたせいか、朝からどうも頭痛がする。
　　1 とうつう　　2 ずつう　　　3 すづう　　　4 こうつう

6 血圧が高いので注意するように医者に言われた。
　　1 けつあつ　　2 さらあつ　　3 ちあつ　　　4 かつやく

7 あの作家の小説はどれもすばらしい。
　　1 さくか　　　2 さくや　　　3 がか　　　　4 さっか

8 グラフの谷の部分が重要なのだ。
　　1 かわ　　　　2 こく　　　　3 たに　　　　4 けい

問題2 _____ のことばを漢字で書くとき、最もよいものを、1・2・3・4から一つえらびなさい。

9 入場するときにはかかりいんの指示をきいてください。

1 係院 　　　　2 係員 　　　　3 病院 　　　　4 懸員

10 世界の人口(じんこう)が60億(おく)人にたっしたそうです。

1 倒した 　　　2 到した 　　　3 致した 　　　4 達した

11 テストにおちてから元気がありません。

1 堕ちて 　　　2 降ちて 　　　3 下ちて 　　　4 落ちて

12 引っ越しするので、かぐも新しく買いたい。

1 下具 　　　　2 家財 　　　　3 家具 　　　　4 道具

13 要(い)らないところははぶいて、簡単に説明してよ。

1 略いて 　　　2 省いて 　　　3 減いて 　　　4 消いて

14 自分のじゅんばんが来るまで、ここでお待ちください。

1 循環 　　　　2 準備 　　　　3 順番 　　　　4 順調

問題 3 （　　　）に入れるのに最もよいものを、1・2・3・4 から一つえらびなさい。

15 うちの店では新製品の予約（　　　）を行っています。

1 判断　　　　　2 販売　　　　　3 期限　　　　　4 限界

16 私は列車の（　　　）が好きです。

1 たね　　　　　2 たび　　　　　3 たに　　　　　4 たこ

17 みんなの（　　　）を聞いてから結論を出しましょう。

1 意見　　　　　2 意識　　　　　3 医者　　　　　4 敬意

18 今回の（　　　）は非常に時間がかかりそうです。

1 発作　　　　　2 作業　　　　　3 作者　　　　　4 作法

19 結論は専門家の意見を（　　　）にして決めました。

1 賛成　　　　　2 参加　　　　　3 参席　　　　　4 参考

20 食べる量を（　　　）ダイエットをしています。

1 減らして　　　2 増やして　　　3 生かして　　　4 隠して

21 新聞では（　　　）が一番重要である。

1 名前　　　　　2 見本　　　　　3 見出し　　　　4 手前

22 そんなに残すなんて（　　　）。

1 たりない　　　2 もったいない　　3 もうしこみだ　　4 うらやましい

23 （　　　）確かめてからメールでお送りします。

1 ちゃんと　　　2 のんびり　　　3 すっかり　　　4 うっかり

117

24 コンビニで（　　　　　）をもらうのを忘れてしまいました。

    1 レジ　　　　　　2 レモン　　　　　　3 レシート　　　　4 デパート

25 林さんは新しい仕事を引き（　　　　　）ことにしました。

    1 止める　　　　　2 受ける　　　　　　3 合う　　　　　　4 出す

問題4　_____に意味が最も近いものを、1・2・3・4から一つえらびなさい。

26 年末なので、店内は混雑している。

    1 客がたくさんいる　　　　　　　　2 すいている

    3 混ぜている　　　　　　　　　　　4 混乱している

27 今回のテストのねらいは、学力の高い子供を探すことだ。

    1 問題　　　　　　2 標的　　　　　　　3 理由　　　　　　4 目的

28 火事でもあったらしく、人がたくさん集まってさわがしい。

    1 そうぞうしい　　2 ずうずうしい　　3 つまらない　　　4 はげしい

29 いくら親しい友達でもこの秘密はぜったい話せない。

    1 きがいい　　　　2 調子がいい　　　3 きげんがいい　　　4 なかがいい

30 今日はコンディションがよくないみたいだけど、大丈夫？

    1 風邪　　　　　　2 性格　　　　　　3 体調　　　　　　4 機嫌

問題5　つぎのことばの使い方として最もよいものを、1·2·3·4から一つえらびなさい。

31　自身

　　1　あなた自身のことを考えてください。

　　2　経済的に自身して生活しています。

　　3　自身開発のために英語を勉強します。

　　4　自身が起きて家が倒れた。

32　助ける

　　1　いやなことがあったら、お酒でも飲んで助けたい。

　　2　命を助けてくれてありがとうございます。

　　3　明日の引っ越しを助けてくれませんか。

　　4　野球の試合は残念ながら助けました。

33　おかしい

　　1　どこか調子が悪いのかなあ、おかしいなあ。

　　2　何もすることがなくておかしい。

　　3　今日の料理は本当におかしかったよ、ありがとう。

　　4　昨日も今日もいつもと同じおかしい日々だ。

34 突然

1 昨日食べたご飯、突然おいしくなかったわ。

2 たくさんいる中で彼の才能は突然している。

3 突然言われたので理解できなかった。

4 正面から突然してぶつかった。

35 ラッシュ

1 芸能人にカメラのラッシュが光っている。

2 このジュースはラッシュな果物を使っています。

3 毎朝、ラッシュの時間は大変な混雑だ。

4 今からラッシュすれば間に合うかもしれない。

틀리기 쉬운 한자

★는 일본어능력시험에 자주 나오는 것

景	けい	景気^{けいき} : 경기　風景^{ふうけい} : 풍경　夜景^{やけい} : 야경
	★け	景色^{けしき} : 경치
地	ち	地図^{ちず} : 지도　地理^{ちり} : 지리
	★じ	意地^{いじ} : 고집　地獄^{じごく} : 지옥　地震^{じしん} : 지진　地元^{じもと} : 본고장 生地^{きじ} : 옷감
下	か	下流^{かりゅう} : 하류　下位^{かい} : 하위　部下^{ぶか} : 부하　目下^{もっか} : 현재
	★げ	下落^{げらく} : 하락　下痢^{げり} : 설사　下宿^{げしゅく} : 하숙　下水道^{げすいどう} : 하수도 下旬^{げじゅん} : 하순
土	★ど	土曜日^{どようび} : 토요일　土台^{どだい} : 토대　土器^{どき} : 토기　国土^{こくど} : 국토
	と	土地^{とち} : 토지
日	にち	土日^{どにち} : 주말　日夜^{にちや} : 밤낮　日曜日^{にちようび} : 일요일
	★じつ	休日^{きゅうじつ} : 휴일　期日^{きじつ} : 기일　祝日^{しゅくじつ} : 축일　終日^{しゅうじつ} : 종일 連日^{れんじつ} : 연일　平日^{へいじつ} : 평일

:: 명사

	단어	의미		단어	의미		단어	의미
☐	圧力 あつりょく	압력	☐	処理 しょり	처리	☐	パンツ	바지
☐	アルバイト	아르바이트	☐	しるし	표시, 기호	☐	費用 ひよう	비용
☐	意志 いし	의지	☐	スープ	스프	☐	品質 ひんしつ	품질
☐	オーロラ	오로라	☐	セーター	스웨터	☐	服用 ふくよう	복용
☐	外部 がいぶ	외부	☐	外 そと	밖	☐	風呂 ふろ	목욕, 목욕물
☐	風 かぜ	바람	☐	存在 そんざい	존재	☐	ポイント	포인트
☐	カタログ	카탈로그	☐	台風 たいふう	태풍	☐	募集 ぼしゅう	모집
☐	学校 がっこう	학교	☐	暖房 だんぼう	난방	☐	北極 ほっきょく	북극
☐	川 かわ	강, 하천	☐	地球 ちきゅう	지구	☐	本 ほん	책
☐	キャンセル	취소	☐	手がかり て	실마리, 단서	☐	本人 ほんにん	본인
☐	金曜日 きんようび	금요일	☐	デザイン	디자인	☐	マーク	마크, 표시
☐	薬 くすり	약	☐	手先 てさき	손끝, 손재주	☐	未解決 みかいけつ	미해결
☐	携帯 けいたい	휴대전화	☐	図書館 としょかん	도서관	☐	未来 みらい	미래
☐	血液 けつえき	혈액	☐	トレーニング	트레이닝, 연습	☐	無責任 むせきにん	무책임
☐	今年 ことし	올해	☐	波 なみ	파도	☐	目 め	눈
☐	最高 さいこう	최고	☐	日記 にっき	일기	☐	唯一 ゆいいつ	유일
☐	三冊 さんさつ	3권	☐	ニックネーム	닉네임, 별명	☐	勇気 ゆうき	용기
☐	実験 じっけん	실험	☐	猫 ねこ	고양이	☐	雪 ゆき	눈

☐	実現 じつげん	실현	☐	値段 ね だん	가격	☐	行方 ゆくえ	행방
☐	実物 じつぶつ	실물	☐	残り のこ	나머지, 남은것	☐	来週 らいしゅう	다음 주
☐	持病 じ びょう	지병	☐	飲み物 の もの	음료	☐	旅行 りょこう	여행
☐	締め切り し き	마감 날짜	☐	箱 はこ	상자	☐	レポート	리포트

∷ 동사

	단어	의미		단어	의미		단어	의미
☐	余る あま	남다, 넘다	☐	確認する かくにん	확인하다	☐	つける	표시하다, 붙이다
☐	編む あ	뜨다, 엮다	☐	嚙む か	씹다	☐	包む つつ	싸다, 포장하다
☐	歩く ある	걷다	☐	検査を受ける けん さ う	검사를 받다	☐	入る はい	들어가다
☐	生きる い	살다	☐	困る こま	곤란하다	☐	はく	입다, 신다
☐	入れる い	넣다, 가동시키다	☐	失敗する しっぱい	실패하다, 실수하다	☐	話す はな	이야기하다
☐	怒る おこ	화내다	☐	楽しみにする たの	기대하다, 즐기다	☐	吹く ふ	(바람이) 불다
☐	落ち着く お つ	안정되다, 차분하다	☐	注意する ちゅう い	주의하다	☐	太る ふと	살찌다
☐	泳ぐ およ	헤엄치다	☐	着く つ	도착하다	☐	降る ふ	(눈, 비) 내리다
☐	買い物する か もの	쇼핑하다	☐	作る つく	만들다	☐	持ち帰る も かえ	가지고 돌아가다

∷ 형용사

	단어	의미		단어	의미		단어	의미
☐	浅い あさ	(수심) 얕다	☐	可能だ か のう	가능하다	☐	重要だ じゅうよう	중요하다
☐	強い つよ	강하다	☐	きつい	꽉 끼다	☐	当然だ とうぜん	당연하다
☐	温かい あたた	따뜻하다	☐	器用だ き よう	손재주가 있다	☐	ぬるい	미지근하다
☐	当たり前だ あ まえ	당연하다	☐	きれいだ	예쁘다	☐	熱心だ ねっしん	열심히 하다
☐	格好いい かっこう	멋지다	☐	細かい こま	세심하다, 세세하다	☐	派手だ は で	야단스럽다, 화려하다

나머지 품사

	단어	의미		단어	의미		단어	의미
☐	いつのまにか	어느 틈엔가	☐	ちゃんと	꼼꼼히	☐	何より	무엇보다
☐	がっかり	실망·낙담하는 모양	☐	ついに	마침내	☐	なるべく	가능한 한
☐	自分でも	스스로도, 자기자신도	☐	つねに	항상	☐	～にくい	~하기 어렵다
☐	ずっと	계속, 쭉	☐	できるだけ	가능한 한	☐	熱心に	열심히
☐	すでに	이미, 벌써	☐	とにかく	어쨌든, 아무튼	☐	～のに	~에도 불구하고
☐	～せいか	~탓인지	☐	～なさい	~하세요	☐	やっと	겨우, 간신히

問題1 ＿＿＿のことばの読み方として最もよいものを、1・2・3・4 から一つえらびなさい。

1 　外部からの圧力が強いので、実現は難しいかもしれない。
　　　1 あっぱく　　　　2 あつりき　　　　3 あつりょく　　　　4 のうりょく

2 　私の父は、手先がとても器用で、何でも自分で作る。
　　　1 きかい　　　　2 きよう　　　　3 じょうず　　　　4 とくい

3 　ちゃんと準備したのに、実験に失敗してしまった。
　　　1 じっけん　　　　2 じつげん　　　　3 しっけん　　　　4 しつげん

4 　学校の図書館で本を3冊借りました。
　　　1 とうしょうかん　2 としょかん　　　3 としょうかん　　4 とうしょかん

5 　あそこのお店でアルバイトを募集してるらしいよ。
　　　1 もしょう　　　　2 ほしょう　　　　3 ほしゅう　　　　4 ぶしゅう

6 　ケーキが入っていた箱がとてもきれいだった。
　　　1 ばこ　　　　　　2 はこ　　　　　　3 いす　　　　　　4 ねこ

7 　持ち帰りたいので、残りを包んでください。
　　　1 つづんで　　　　2 つつんで　　　　3 たたんで　　　　4 むすんで

8 　細かいところまで注意して作ってください。
　　　1 ほそかい　　　　2 なかい　　　　　3 こまかい　　　　4 うすかい

問題 2　　　　のことばを漢字で書くとき、最もよいものを、1・2・3・4 から一つえらびなさい。

9　台風の後だからなみが高いですね。

　　1 海　　　　　2 皮　　　　　3 砂　　　　　4 波

10　あまっているポイントを使って買い物をした。

　　1 残って　　　2 余って　　　3 使って　　　4 上って

11　あたたかい飲み物を飲んで、ゆっくり寝なさい。

　　1 温かい　　　2 熱かい　　　3 冷かい　　　4 高かい

12　けつえき検査をうけました。

　　1 皿液　　　　2 血液　　　　3 皿圧　　　　4 血圧

13　あなたのそんざいが生きていく勇気でした。

　　1 生存　　　　2 損在　　　　3 存材　　　　4 存在

14　私は持病があるので薬をふくようしています。

　　1 副用　　　　2 服用　　　　3 複要　　　　4 服要

問題3 （　　　　）に入れるのに最もよいものを、1・2・3・4 から一つえらびなさい。

15　楽しみにしていた旅行がキャンセルになって（　　　　）した。
　　　1 がっかり　　　　2 うっかり　　　　3 はっきり　　　　4 のんびり

16　処理（　　　　）を減らす方法を探しています。
　　　1 用事　　　　2 消費　　　　3 費用　　　　4 記事

17　病気には何よりも（　　　　）の意志が重要です。
　　　1 本人　　　　2 商品　　　　3 経験　　　　4 面接

18　レポートは来週金曜日の（　　　　）までに必ず出してください。
　　　1 つめきり　　　　2 ふみきり　　　　3 しめきり　　　　4 めっきり

19　今年の冬にはセーターを（　　　　）と思います。
　　　1 編もう　　　　2 飲もう　　　　3 噛もう　　　　4 働こう

20　これは彼の（　　　　）を探す唯一の手がかりです。
　　　1 事故　　　　2 事件　　　　3 行事　　　　4 行方

21　面接の時は（　　　　）な服装をしない方がいいです。
　　　1 便利　　　　2 派手　　　　3 当然　　　　4 親切

22　太ったせいか、パンツが（　　　　）はきにくいです。
　　　1 きつくて　　　　2 やすくて　　　　3 おもくて　　　　4 うすくて

23　あんな無（　　　　）な人ははじめてだ。
　　　1 条件　　　　2 制限　　　　3 意識　　　　4 責任

24 まだ（　　　　）解決の問題がたくさんある。

1 不　　　　　　2 非　　　　　　3 未　　　　　　4 無

25 この川は（　　　　）ので、子供が泳いでも大丈夫です。

1 よわい　　　　2 あさい　　　　3 かゆい　　　　4 みじかい

問題4 ＿＿＿＿ に意味が最も近いものを、1・2・3・4 から一つえらびなさい。

26 渡辺さんは毎日熱心にトレーニングをしています。

1 練習　　　　　2 授業　　　　　3 勉強　　　　　4 演技

27 会社に着いたときはもう会議が始まっていました。

1 すべて　　　　2 すでに　　　　3 ついに　　　　4 つねに

28 そんなことを言ったら、彼が怒るのも当然だ。

1 当たり前だ　　2 嘘じゃない　　3 慣れている　　4 好きになる

29 なるべく早く行きますので、待っていてください。

1 一番に　　　　2 できるだけ　　3 ある意味で　　4 少なくとも

30 マークをつけたところに注意して歩いてください。

1 証拠　　　　　2 かざり　　　　3 足元　　　　　4 しるし

問題5　つぎのことばの使い方として最もよいものを、1·2·3·4 から一つえらびなさい。

31　未来

1　未来ではできなかったことが今では可能だ。

2　未来この目でみた。

3　私たちは地球の未来を考えなくてはならない。

4　昨日からしている仕事がやっと未来に終わった。

32　落ち着く

1　最近、いやなことがあって落ち着いています。

2　私のニックネームは落ち着いてしまったようです。

3　テストに落ち着いてしまった。

4　彼女と話していると落ち着くんです。

33　いつのまにか

1　これからもずっと、いつのまにか続いていくと思っていた。

2　いつのまにか、北極に行ってオーロラを見たい。

3　自分でも知らないうちに、いつのまにか好きになっていた。

4　困ったことがあったら、いつのまにか聞いてね。

34 カタログ

1 携帯の新カタログはかっこういいが、値段が高い。

2 あなたもカタログで日記を書いているの？

3 わー、あのカタログは、品質もデザインも最高ね。

4 カタログで確認してから、店に行って実物を見よう。

35 ぬるい

1 暖房を入れたのでぬるくなった。

2 このスープはぬるくなるとまずい。

3 風呂がぬるくなってしまった。

4 外では雪が降り、ぬるい風が吹いている。

틀리기 쉬운 한자

★는 일본어능력시험에 자주 나오는 것

力	りょく	体力 : 체력	能力 : 능력	努力 : 노력	
	★りき	力士 : 장사	怪力 : 괴력	自力 : 자력	馬力 : 마력
負	★ふ	負担 : 부담	負債 : 부채	負傷 : 부상	
	★ぶ	勝負 : 승부			
判	はん	判決 : 판결	判断 : 판단	批判 : 비판	判定 : 판정
	★ばん	裁判 : 재판	評判 : 평판		
財	ざい	財産 : 재산	財閥 : 재벌		
	★さい	財布 : 지갑			
遺	い	遺跡 : 유적	遺産 : 유산	遺書 : 유서	
	★ゆい	遺言 : 유언			

명사

	단어	의미		단어	의미		단어	의미
☐	アイドル	아이돌	☐	桜(さくら)	벚꽃	☐	途中(とちゅう)	도중
☐	明日(あした)	내일	☐	雑誌(ざっし)	잡지	☐	中身(なかみ)	내용물, 알맹이
☐	アメリカ	미국	☐	時間(じかん)	시간	☐	日本(にほん)	일본
☐	一日(いちにち)	하루	☐	時期(じき)	시기	☐	入場(にゅうじょう)	입장
☐	運賃(うんちん)	운임	☐	仕事(しごと)	일	☐	ニュース	뉴스
☐	有無(うむ)	유무	☐	社員(しゃいん)	사원	☐	人数(にんずう)	인원수
☐	温泉(おんせん)	온천	☐	収入(しゅうにゅう)	수입	☐	能率(のうりつ)	능률
☐	蚊(か)	모기	☐	将来(しょうらい)	장래, 미래	☐	発達(はったつ)	발달
☐	海外(かいがい)	해외	☐	生活(せいかつ)	생활	☐	ビール	맥주
☐	会議(かいぎ)	회의	☐	整理(せいり)	정리	☐	不満(ふまん)	불만
☐	顔(かお)	얼굴	☐	説明(せつめい)	설명	☐	冬(ふゆ)	겨울
☐	歌手(かしゅ)	가수	☐	先月(せんげつ)	지난 달	☐	プラス	플러스
☐	肩(かた)	어깨	☐	洗濯物(せんたくもの)	세탁물	☐	部屋(へや)	방
☐	カルシウム	칼슘	☐	線路(せんろ)	선로	☐	骨(ほね)	뼈
☐	患者(かんじゃ)	환자	☐	大流行(だいりゅうこう)	대유행	☐	本屋(ほんや)	서점
☐	技術(ぎじゅつ)	기술	☐	宝(たから)くじ	복권	☐	息子(むすこ)	아들
☐	君(きみ)	자네	☐	助(たす)け	도움, 구조	☐	娘(むすめ)	딸
☐	距離(きょり)	거리	☐	地方(ちほう)	지방	☐	メリット	이점

☐	記録 きろく	기록	☐	中学生 ちゅうがくせい	중학생	☐	役目 やくめ	역할, 임무
☐	経験 けいけん	경험	☐	通訳 つうやく	통역	☐	行方 ゆくえ	행방
☐	気配 けはい	기미, 낌새	☐	手続き てつづき	수속, 절차	☐	輸出 ゆしゅつ	수출
☐	研究 けんきゅう	연구	☐	伝染病 でんせんびょう	전염병	☐	用意 ようい	준비
☐	～際 さい	~때	☐	同僚 どうりょう	동료	☐	料金 りょうきん	요금
☐	最低 さいてい	최저, 최하	☐	年頃 としごろ	적령기, 그럴만한 나이	☐	歴史 れきし	역사

∴ 동사

	단어	의미		단어	의미		단어	의미
☐	上がる あ	오르다, 상승하다	☐	咲く さ	피다	☐	願う ねが	바라다, 원하다
☐	当たる あ	당첨되다, 맞다	☐	刺す さ	찌르다, 물다	☐	飲む の	마시다
☐	浴びる あ	끼얹다, 뒤집어쓰다	☐	捨てる す	버리다	☐	冷やす ひ	차게 하다, 식히다
☐	息をする いき	숨을 쉬다	☐	育てる そだ	기르다, 양육하다	☐	減る へ	줄다, 감소하다
☐	いたす	하다 (する의 겸양어)	☐	高まる たか	고조되다, 높아지다	☐	干す ほ	말리다
☐	うそをつく	거짓말하다	☐	たまる	참다, 견디다	☐	負ける ま	패하다, 지다
☐	終わる お	끝나다	☐	違う ちが	다르다	☐	守る まも	지키다
☐	感じる かん	느끼다	☐	取る と	취하다, 섭취하다	☐	やぶる	깨다, 어기다
☐	探す さが	찾다	☐	認識する にんしき	인식하다	☐	寄る よ	들르다

형용사

	단어	의미		단어	의미		단어	의미
☐	痛い	아프다	☐	さまざまだ	여러 가지다, 다양하다	☐	長い	길다
☐	おいしい	맛있다	☐	寒い	춥다	☐	平気だ	태연하다
☐	悲しい	슬프다	☐	主要だ	주요하다	☐	便利だ	편리하다
☐	かゆい	가렵다	☐	涼しい	시원하다, 선선하다	☐	夢中だ	열중하다, 몰두하다
☐	苦しい	괴롭다	☐	小さい	작다, 어리다	☐	もったいない	아깝다
☐	詳しい	자세하다, 정통하다	☐	遠い	멀다	☐	楽だ	편안하다, 쉽다

나머지 품사

	단어	의미		단어	의미		단어	의미
☐	いつも	항상	☐	～ながら	~면서	☐	ほぼ	거의, 대략
☐	少しずつ	조금씩	☐	～に対して	~에 대해서	☐	もう	이미, 벌써
☐	だいたい	대체로, 대개	☐	のんびり	한가로이, 유유히	☐	～ように	~처럼, ~듯이

問題1 _____ のことばの読み方として最もよいものを、1・2・3・4 から一つえらびなさい。

1　明日、アメリカから人が来るので、通訳をお願いします。
　　1 とうやく　　　　2 とうわけ　　　　3 つうやく　　　　4 つうこう

2　技術の発達で、生活が便利になった。
　　1 はったつ　　　　2 はつだつ　　　　3 はっだち　　　　4 ほっだち

3　主要なニュースは毎日確認している。
　　1 ちゅうい　　　　2 じゅうよう　　　　3 しゅうよう　　　　4 しゅよう

4　日本から海外に輸出する際には、さまざまな手続きが要ります。
　　1 しゅじゅつ　　　　2 ゆしゅつ　　　　3 しゅうしゅつ　　　　4 ゆだつ

5　子供を育てるのは親の役目である。
　　1 やくめ　　　　2 やくわり　　　　3 やじるし　　　　4 えきめ

6　長い時間パソコンをしたので、肩が痛いんですよ。
　　1 くび　　　　2 かた　　　　3 こし　　　　4 あたま

7　宝くじに当たったら何をしようかな。
　　1 あたったら　　　　2 とったら　　　　3 うたったら　　　　4 かたったら

8　部屋の中に洗濯物を干すのは好きじゃないんです。
　　1 かす　　　　2 いたす　　　　3 ほす　　　　4 だす

問題2 ＿＿＿のことばを漢字で書くとき、最もよいものを、1·2·3·4から一つえらびなさい。

9 桜が<u>さいたら</u>、一緒に見に行きましょう。

　　1 割いたら　　　　2 咲いたら　　　　3 開いたら　　　　4 叩いたら

10 カルシウムをとって、<u>ほね</u>を強くしましょう。

　　1 枝　　　　　　2 骨　　　　　　3 腕　　　　　　4 胃

11 娘は、アイドル歌手に<u>むちゅう</u>な年頃だ。

　　1 夢中　　　　　2 熱中　　　　　3 無注　　　　　4 有注

12 少しずつ寒くなり、冬の<u>けはい</u>を感じます。

　　1 気分　　　　　2 毛杯　　　　　3 気配　　　　　4 一杯

13 危ないですから、<u>せんろ</u>の中に入らないでください。

　　1 道路　　　　　2 戦争　　　　　3 線路　　　　　4 暴露

14 3年前にいなくなった子供の<u>ゆくえ</u>をさがしています。

　　1 方向　　　　　2 往回　　　　　3 行方　　　　　4 往復

問題3 (　　　)に入れるのに最もよいものを、1·2·3·4から一つえらびなさい。

15 経験の(　　　)によって、給料が違います。
　　　1 ゆむ　　　　　2 ゆうむ　　　　　3 うむ　　　　　4 ゆめい

16 新しい社長に対して社員の(　　　)の声が高まっている。
　　　1 不満　　　　　2 自由　　　　　3 満足　　　　　4 不足

17 学校に行く(　　　)、本屋に寄って雑誌を買った。
　　　1 仲間　　　　　2 中　　　　　3 暇　　　　　4 途中

18 パソコンを使うと、仕事の(　　　)が上がる。
　　　1 能力　　　　　2 能率　　　　　3 可能　　　　　4 努力

19 ビールは(　　　)飲んだほうがおいしい。
　　　1 冷やして　　　　2 熱して　　　　3 涼して　　　　4 暖かして

20 患者は(　　　)そうに息をしていた。
　　　1 たのし　　　　2 かなし　　　　3 くるし　　　　4 うれし

21 蚊に刺されて(　　　)たまりません。
　　　1 こわくて　　　　2 かゆくて　　　　3 あまくて　　　　4 うまくて

22 彼女は(　　　)な顔でうそをつきます。
　　　1 平和　　　　　2 自由　　　　　3 平気　　　　　4 得意

23 一日でいいから、温泉にでも行って(　　　)したい。
　　　1 のんびり　　　　2 ながく　　　　3 みじかく　　　　4 はやく

24 この（　　　　　）で一番歴史にくわしいのは山田さんです。
　　1 クラシック　　　2 グラフ　　　　　3 グレー　　　　　4 クラス

25 伝染（　　　　　）がその地方で大流行しているそうだ。
　　1 医　　　　　　　2 病　　　　　　　3 主　　　　　　　4 看

問題4 ＿＿＿＿に意味が最も近いものを、1・2・3・4 から一つえらびなさい。

26 先月から、バスの<u>りょうきん</u>が上がった。
　　1 料理　　　　　　2 運賃　　　　　　3 距離　　　　　　4 値段

27 社長の仕事はそんなに<u>簡単</u>じゃないんだよ。
　　1 いやじゃない　　2 らくじゃない　　3 うそじゃない　　4 ゆめじゃない

28 社会のルールを<u>守らない</u>人が多すぎる。
　　1 かぶる　　　　　2 とる　　　　　　3 やぶる　　　　　4 かける

29 この本は君の研究の<u>プラス</u>になると思うよ。
　　1 かたづけ　　　　2 おもみ　　　　　3 うまみ　　　　　4 たすけ

30 <u>ほぼ</u>整理はできましたが、終わっていません。
　　1 だいたい　　　　2 いちばん　　　　3 ぜんぜん　　　　4 あまり

問題5 つぎのことばの使い方として最もよいものを、1・2・3・4から一つえらびなさい。

31 中身

1 この会議の中身を記録しておいてください。

2 中身的には収入が減っているのだ。

3 カバンの中身を見せて。

4 服の中身に名前が書いてある。

32 あびる

1 お金をあびるなんて最低です。

2 声をあびてくれれば、行ったのに。

3 顔をあびて、出かける用意をする。

4 彼は、酒をあびるように飲む。

33 そろそろ

1 そろそろ将来のことを考えなくてはいけない時期だ。

2 息子はそろそろ小さいと思っていたが、もう中学生だ。

3 遠いのに、そろそろ来てくれてありがとうございます。

4 そろそろ、彼にも困ったものだ。

34　もったいない

　　1　もったいないところだったが、負けてしまった。

　　2　いつも助けてくれて、同僚にはもったいない気持ちでいっぱいだ。

　　3　今回は会えなくて、もったいなかったですね。

　　4　まだ食べられるのに、捨てるなんてもったいない。

35　メリット

　　1　入場した人数をメリットしてください。

　　2　彼はメリットをみながら説明しました。

　　3　この仕事をして、何かメリットがありますか。

　　4　「うそをつかないこと」が私のメリットです。

시험에 강해지는 TIP

틀리기 쉬운 한자

★는 일본어능력시험에 자주 나오는 것

茶	ちゃ	お茶 : 차　　緑茶 : 녹차
	★さ	茶道 : 다도　　喫茶店 : 커피숍
率	そつ (そっ)	引率 : 인솔　　軽率 : 경솔　　統率 : 통솔 率先 : 솔선　　率直 : 솔직
	りつ	確率 : 확률　　能率 : 능률　　効率 : 효율　　倍率 : 배율 比率 : 비율
大	★だい	大事 : 소중함　　偉大 : 위대　　大体 : 대략　　大胆 : 대담 大学 : 대학
	たい	大切 : 소중함　　大衆 : 대중　　大会 : 대회
台	たい	舞台 : 무대　　台風 : 태풍　　屋台 : 포장마차
	★だい	台本 : 대본　　土台 : 토대　　台所 : 부엌
拠	★こ	証拠 : 증거
	きょ	根拠 : 근거

03 기출 핵심 단어 13

명사

	단어	의미		단어	의미		단어	의미
☐	相手 あい て	상대방	☐	最近 さいきん	최근	☐	動作 どう さ	동작
☐	以上 い じょう	이상	☐	最後 さい ご	최후, 마지막	☐	ドラマ	드라마
☐	入り口 い ぐち	입구	☐	最初 さいしょ	처음, 최초	☐	取引 とりひき	거래
☐	解決策 かいけつさく	해결책	☐	三角形 さんかくけい	삼각형	☐	肉 にく	고기
☐	外国人 がいこくじん	외국인	☐	試合 し あい	시합	☐	発刊 はっかん	발간
☐	顔 かお	얼굴	☐	執筆 しっぴつ	집필	☐	反対 はんたい	반대
☐	～型 がた	~(혈액)형	☐	質問 しつもん	질문	☐	不安 ふ あん	불안
☐	環境 かんきょう	환경	☐	自分 じ ぶん	자기 자신	☐	部長 ぶ ちょう	부장
☐	関係 かんけい	관계	☐	社会人 しゃかいじん	사회인	☐	プラン	계획
☐	観光客 かんこうきゃく	관광객	☐	社長 しゃちょう	사장	☐	プロジェクト	프로젝트
☐	完成 かんせい	완성	☐	手段 しゅだん	수단	☐	ポーズ	자세, 모양
☐	管理 かん り	관리	☐	条件 じょうけん	조건	☐	毎年 まいとし	매년
☐	気温 き おん	기온	☐	商売 しょうばい	장사	☐	水たまり みず	물웅덩이
☐	基本 き ほん	기본	☐	食事 しょく じ	식사	☐	問題点 もんだいてん	문제점
☐	教育 きょういく	교육	☐	信用 しんよう	신용	☐	休み やす	휴일
☐	共通点 きょうつうてん	공통점	☐	スケジュール	스케줄	☐	予算 よ さん	예산
☐	恐怖 きょう ふ	공포	☐	スポーツ	스포츠	☐	理解 り かい	이해
☐	計画 けいかく	계획	☐	性格 せいかく	성격	☐	理由 り ゆう	이유

	今朝	오늘 아침		成分	성분		料金	요금
	化粧品	화장품		地域	지역		ルール	규칙, 룰
	血液	혈액		団体	단체		冷蔵庫	냉장고
	権利	권리		チェック	체크		わけ	이유
	講義	강의		妻	아내		割引	할인

동사

단어	의미	단어	의미	단어	의미
会う	만나다	緊張する	긴장하다	始まる	시작되다
余る	남다	けがをする	부상을 입다, 다치다	冷える	추워지다, 쌀쌀해지다
言う	말하다	住む	살다	不足する	부족하다
おく	두다	育つ	자라다, 성장하다	待つ	기다리다
怒る	화내다	存じる	알다(知る, 思う의 겸양어)	無視する	무시하다
教える	가르치다	出す	꺼내다	持つ	가지다, 들다
訪れる	방문하다	足りる	충분하다, 족하다	やる	하다
おる	있다 (いる의 겸양어)	撮る	(사진) 찍다	分かる	알다
気をつける	조심하다, 주의하다	流れる	흐르다, 중지되다	別れる	헤어지다

형용사

단어	의미	단어	의미	단어	의미
忙しい	바쁘다	鋭い	예리하다, 날카롭다	懐かしい	그립다
大きい	크다	大事だ	중요하다	低い	낮다
簡単だ	간단하다	大変だ	힘들다	真っ青だ	새파랗다
不安だ	불안하다	短気だ	성미가 급하다	安い	싸다

🔹 나머지 품사

	단어	의미		단어	의미		단어	의미
☐	いくつかの	몇 몇, 약간의	☐	せっかく	모처럼, 애써	☐	～によって	~에 따라, ~에 의해서
☐	お忙しいところ	바쁘신 와중에	☐	そろそろ	슬슬	☐	非常に	매우
☐	多くの	많은	☐	たくさん	많이	☐	普通	대개, 일반적으로
☐	きちんと	정확히, 똑바로	☐	～だけでも	~만이라도	☐	～ふりをする	~척·~체하다
☐	きっと	분명히	☐	たちまち	순식간에, 금세	☐	また	또, 다시
☐	～させてほしい	~(하)게 해주었으면 한다	☐	～ため	~때문에	☐	ゆっくり	느긋이
☐	すぐに	바로, 곧, 즉시	☐	どうして	어째서, 왜	☐	ようやく	겨우, 간신히
☐	すごく	대단히, 굉장히	☐	～通り	~대로	☐	よく	자세히, 잘

問題1 ＿＿＿のことばの読み方として最もよいものを、1・2・3・4から一つえらびなさい。

1 恐怖のため顔が真っ青になった。

    1 きょうふ   2 こうふ   3 きょひ   4 こうひ

2 京都には毎年、たくさんの観光客がおとずれる。

    1 かんがんかく   2 かんがんきょく   3 かんこうきゃく   4 かんこくきゃく

3 この地域には多くの外国人が住んでいます。

    1 ちえき   2 じえき   3 ちいき   4 じいき

4 けがをして、簡単な動作もできない。

    1 どうさく   2 どうさ   3 どうちゃく   4 どうし

5 化粧品を買うときには、成分をチェックしましょう。

    1 そんぶん   2 せいむん   3 そんぽん   4 せいぶん

6 声だけでも聞かせてほしい。

    1 せい   2 こえ   3 おと   4 そう

7 今朝は気温が低くてとても冷える。

    1 けさ   2 きょう   3 こあさ   4 こんさ

8 商売で一番大事なことは信用である。

    1 はんばい   2 さんばい   3 ばいばい   4 しょうばい

問題2 ＿＿＿＿のことばを漢字で書くとき、最もよいものを、1・2・3・4から一つえらびなさい。

9　わかれるときに、また会うことを約束した。

1 分かれる　　2 判れる　　3 別れる　　4 割かれる

10　そのことについては、私がよくぞんじております。

1 知　　2 損　　3 存　　4 在

11　あいてが言っていることをきちんと聞こう。

1 合手　　2 間手　　3 相手　　4 面手

12　こうぎは普通9時から始まります。

1 講義　　2 講議　　3 構義　　4 構議

13　この本も来年にははっかんの予定です。

1 発汗　　2 発巻　　3 発刊　　4 発完

14　スポーツせんしゅたちは、食事に気をつけている。

1 先主　　2 選主　　3 戦手　　4 選手

問題3 (　　　)に入れるのに最もよいものを、1・2・3・4 から一つえらびなさい。

15　人はだれもが教育を受ける(　　　　)をもっている。

　　1 権利　　　　　2 有利　　　　　3 勧利　　　　　4 利益

16　最初は試合の(　　　　)が分からなくて大変でした。

　　1 テーマ　　　　2 ルール　　　　3 マナー　　　　4 レストラン

17　人が育ってきた(　　　　)を無視してはいけない。

　　1 自然　　　　　2 自動　　　　　3 環境　　　　　4 応援

18　この町の交通(　　　　)はバスしかありません。

　　1 規則　　　　　2 手段　　　　　3 方法　　　　　4 手術

19　この本は彼が最後に(　　　　)した作品です。

　　1 報道　　　　　2 演奏　　　　　3 料理　　　　　4 執筆

20　AとBの(　　　　)点は三角形だということだ。

　　1 普通　　　　　2 反対　　　　　3 解決　　　　　4 共通

21　条件によって(　　　　)の内容が変わるかもしれません。

　　1 取引　　　　　2 映画　　　　　3 営業　　　　　4 雑誌

22　20 名以上には(　　　　)割引があります。

　　1 団体　　　　　2 気体　　　　　3 個体　　　　　4 液体

23　上司の(　　　　)質問にまた緊張（きんちょう）した。

　　1 かしこい　　　2 やさしい　　　3 するどい　　　4 なつかしい

24 妻が待っているので、(　　　　)いかなきゃ。

　　1 いきなり　　　　2 そろそろ　　　　3 そっと　　　　4 たちまち

25 父は(　　　　)な性格で小さいことですぐに怒ります。

　　1 のんき　　　　2 長所　　　　3 のんびり　　　　4 短気

問題4　＿＿＿＿に意味が最も近いものを、1・2・3・4から一つえらびなさい。

26 どうしてそうなったのか、わけを教えてください。

　　1 口実　　　　2 自由　　　　3 事実　　　　4 理由

27 それはひじょうに困った問題ですね。

　　1 すごく　　　　2 たくさん　　　　3 じゅうぶん　　　　4 ほとんど

28 プロジェクトは社長の反対のため、流れた。

　　1 過ぎた　　　　2 解消した　　　　3 水が入った　　　　4 中止になった

29 その計画にはいくつかの問題点があります。

　　1 プラス　　　　2 プラン　　　　3 プライド　　　　4 プライス

30 Ａ型の血液が不足しているそうです。

　　1 まずしい　　　　2 すくない　　　　3 とぼしい　　　　4 たりない

問題5　つぎのことばの使い方として最もよいものを、1・2・3・4から一つえらびなさい。

31　解決

　　1　この問題に解決したら、100万円がもらえます。

　　2　どう考えても解決策はこれしかないと思います。

　　3　肉は料理する前に冷蔵庫から出して解決しておく。

　　4　解決を撮るので、みなさん、ポーズをとってください。。

32　スケジュール

　　1　多くの国が関係する大きなスケジュールだから失敗できない。

　　2　料金スケジュールを変えたら、電話代が安くなった。

　　3　彼の言うことはスケジュールが大きい。

　　4　スケジュール管理は社会人の基本だと部長が言った。

33　あまる

　　1　最近、日本のドラマにあまっているんです。

　　2　入り口があまっているから、きっと今日は休みだ。

　　3　自分が悪いと思ったら、あまりましょう。

　　4　今年の予算があまったので、本を買いましょう。

34 せっかく

1 せっかくの休みだから、ゆっくり本を読みたい。

2 お忙しいところをせっかくきていただきましてありがとうございます。

3 子供はせっかく水たまりを歩くのが好きだ。

4 知っているのに、せっかく知らないふりをした。

35 ようやく

1 2年以上の時間をかけて、ようやく完成しました。

2 そんなこと、ようやく言われてもすぐには理解できません。

3 あなたの言うことはようやくその通りです。

4 不安もあるけれど、ようやく一度やってみよう。

틀리기 쉬운 한자

★는 일본어능력시험에 자주 나오는 것

代	★だい	代金 : 대금 代理 : 대리 代表 : 대표			
	たい	交代 : 교대			
物	ぶつ	動物 : 동물 生物 : 생물 物理 : 물리			
	★もつ	貨物 : 화물 禁物 : 금물 穀物 : 곡물 作物 : 작물 宝物 : 보물 書物 : 서적			
命	めい	命令 : 명령 運命 : 운명 宿命 : 숙명 生命 : 생명			
	★みょう	寿命 : 수명			
象	ぞう	象 : 코끼리 象牙 : 상아			
	★しょう	印象 : 인상 対象 : 대상 気象 : 기상 象徴 : 상징			
暴	ぼう	暴行 : 폭행 暴力 : 폭력 乱暴 : 난폭 暴動 : 폭동			
	★ばく	暴露 : 폭로			

151

03 기출 핵심 단어 14

∷ 명사

	단어	의미		단어	의미		단어	의미
☐	雨具 あまぐ	우비	☐	試験 しけん	시험	☐	場合 ばあい	경우
☐	栄養 えいよう	영양	☐	事実 じじつ	사실	☐	発売日 はつばいび	발매일
☐	笑顔 えがお	웃는 얼굴	☐	事情 じじょう	사정	☐	発表 はっぴょう	발표
☐	演劇 えんげき	연극	☐	実験 じっけん	실험	☐	話し方 はなかた	말투
☐	お弁当 べんとう	도시락	☐	自分自身 じぶんじしん	자기 자신	☐	早め はや	시간보다 이름
☐	階段 かいだん	계단	☐	準備 じゅんび	준비	☐	バランス	균형, 밸런스
☐	各自 かくじ	각자	☐	商品 しょうひん	상품	☐	判定 はんてい	판정
☐	考え かんが	사고, 생각	☐	新製品 しんせいひん	신제품	☐	不景気 ふけいき	불경기
☐	期間 きかん	기간	☐	セール	세일	☐	不満 ふまん	불만
☐	企業 きぎょう	기업	☐	成果 せいか	성과	☐	返事 へんじ	답장
☐	切符 きっぷ	티켓, 표	☐	操作 そうさ	조작	☐	放送 ほうそう	방송
☐	景気 けいき	경기	☐	立場 たちば	입장	☐	方法 ほうほう	방법, 방식
☐	限定 げんてい	한정	☐	男女 だんじょ	남녀	☐	発足 ほっそく	발족
☐	答え こた	대답	☐	注意 ちゅうい	주의	☐	ボール	공
☐	小遣い こづか	용돈	☐	天気 てんき	날씨	☐	文句 もんく	트집, 불만
☐	骨折 こっせつ	골절	☐	倒産 とうさん	도산	☐	野菜 やさい	야채, 채소
☐	今度 こんど	금번, 이번	☐	となり	옆	☐	やり方 かた	방법, 방식
☐	財布 さいふ	지갑	☐	夏 なつ	여름	☐	リサイクル	재활용

	단어	의미		단어	의미		단어	의미
☐	仕方 しかた	방법	☐	何度 なんど	몇 번	☐	歴史 れきし	역사
☐	資金 しきん	자금	☐	肉 にく	고기	☐	割合 わりあい	비율

∴ 동사

	단어	의미		단어	의미		단어	의미
☐	あふれる	넘치다	☐	隠す かく	숨기다	☐	出かける で	외출하다
☐	誤る あやま	실수하다	☐	借りる か	빌리다	☐	無くす な	잃다, 없애다
☐	打つ う	치다	☐	がんばる	끝까지 노력하다	☐	残る のこ	남다
☐	移す うつ	옮기다	☐	気に入る き い	마음에 들다	☐	測る はか	재다, 측정하다
☐	売り切れる う き	매진되다, 다팔리다	☐	苦労する くろう	힘들다, 고생하다	☐	増える ふ	증가하다
☐	遅れる おく	늦다, 지각하다	☐	時間が経つ じ かん た	시간이 경과하다	☐	見つける み	찾아내다, 발견하다
☐	落ちる お	떨어지다	☐	黙る だま	침묵하다, 입을 다물다	☐	戻す もど	되돌리다
☐	返す かえ	반납하다	☐	つぶれる	부서지다, 파산하다	☐	やり直す なお	다시 하다, 새로 하다

∴ 형용사

	단어	의미		단어	의미		단어	의미
☐	おとなしい	얌전하다, 고분고분하다	☐	下品だ げ ひん	상스럽다, 품위가 없다	☐	強い つよ	강하다
☐	同じだ おな	똑같다	☐	上品だ じょうひん	고상하다	☐	便利だ べん り	편리하다
☐	悪い わる	나쁘다	☐	正直だ しょうじき	정직하다	☐	夢中だ む ちゅう	열중하다
☐	暗い くら	어둡다	☐	高い たか	높다, 크다, 비싸다	☐	弱い よわ	약하다

:: 나머지 품사

단어	의미	단어	의미	단어	의미
□ あっという間	눈 깜짝할 사이	□ 実は	실은	□ 早めに	일찌감치, 일찍
□ いきいき	생기 넘치는 모양	□ ～ず	~지 않고	□ ぴったり	빈틈없음, 딱 맞음
□ 一体	본래, 애당초	□ 全部	전부	□ ひとりで	혼자서
□ いちいち	일일이	□ ～だけでなく	~뿐만 아니라	□ ぶつぶつ	중얼중얼, 투덜투덜
□ いらいら	초조한 모양	□ とうとう	마침내, 드디어	□ ぶらぶら	어슬렁어슬렁, 흔들흔들
□ 一緒に	함께	□ どきどき	두근두근	□ ～ふりをする	~체 하다
□ ～恐れがある	~우려가 있다	□ とても	매우	□ ～ほど	~(할)수록
□ ～さえ	~조차	□ ～たび	~때마다	□ よかったら	괜찮으면
□ しかたがない	방법이 없다	□ 何度も	몇 번이나, 여러 번	□ わくわく	두근두근

問題1 ＿＿＿＿のことばの読み方として最もよいものを、1・2・3・4から一つえらびなさい。

1 300個限定のセールですからお早めに。

    1 はんてい   2 げんじょう   3 げんかい   4 げんてい

2 お弁当や雨具は各自で準備してきてください。

    1 めいじ   2 かくちゃ   3 きょくち   4 かくじ

3 仕方のないことだと分かっていても、何度も考えてしまうんです。

    1 しかた   2 しよう   3 しほう   4 したい

4 台風が来るかもしれないので、注意してください。

    1 じゅうい   2 ちゅうい   3 じゅい   4 しゅい

5 階段から落ちたときに、骨折してしまいました。

    1 ほねきり   2 こっきょく   3 こっせつ   4 くっきょく

6 今年は景気が悪くて、どの会社も苦労したようだ。

    1 やけい   2 けいき   3 きょうき   4 けいげ

7 彼が言っていることは、事実とは違う。

    1 じじつ   2 しんじつ   3 じじょう   4 さしつ

8 ここにある本をとなりの部屋に移しておいてね。

    1 なくして   2 うつして   3 かくして   4 さがして

問題 2 _____ のことばを漢字で書くとき、最もよいものを、1・2・3・4 から一つえらびなさい。

9　借りていた本を<u>かえし</u>に行った。
　　　　1 返し　　　　　2 貸し　　　　　3 借りし　　　　4 戻し

10　あの女の人はとても<u>じょうひん</u>な話し方をします。
　　　　1 小品　　　　　2 賞品　　　　　3 上品　　　　　4 下品

11　日本の歴史について<u>はっぴょう</u>しました。
　　　　1 発表　　　　　2 発作　　　　　3 発足　　　　　4 放送

12　<u>さいふ</u>を忘れて出かけたので、何も買えなかった。
　　　　1 在府　　　　　2 財布　　　　　3 在布　　　　　4 財産

13　彼女の<u>たちば</u>で考えると、わからないこともない。
　　　　1 立地　　　　　2 入場　　　　　3 立場　　　　　4 入地

14　自分<u>じしん</u>も、わかっていないことが多い。
　　　　1 自己　　　　　2 自身　　　　　3 自信　　　　　4 自省

問題 3 （　　　）に入れるのに最もよいものを、1・2・3・4 から一つえらびなさい。

15 野菜だけでなく、肉も食べて（　　　　　）のバランスに気をつけている。

    1 成績   2 栄養   3 成果   4 営業

16 （　　　　　）によっては、新製品の発売日が遅れることもあります。

    1 期間   2 時期   3 場所   4 場合

17 機械の（　　　　）を誤ってしまいました。

    1 動作   2 操作   3 作法   4 作品

18 あの人は私が何かするたび、（　　　　）文句を言う。

    1 どきどき   2 とうとう   3 いちいち   4 わくわく

19 この企業は資金（　　　　）で倒産する恐れがある。

    1 不利   2 不便   3 不満   4 不足

20 先生が質問したのに、誰も答えないで（　　　　）いた。

    1 しまって   2 たまって   3 だまって   4 とまって

21 彼女は不満があるらしく、ひとりで（　　　　）言っていた。

    1 ぶつぶつ   2 いきいき   3 いらいら   4 ぶらぶら

22 毎月、息子に 3000 円の（　　　　）をやっている。

    1 笑顔   2 小遣い   3 元気   4 部屋

23 話に夢中になって時間が（　　　　）のも忘れました。

    1 打つ   2 持つ   3 立つ   4 経つ

24 人の前で(　　　　)ふりをする人ほど、実は弱い人だ。

　　1 強い　　　　　2 甘い　　　　　3 ちいさい　　　　4 うまい

25 新製品はあっというまに売り(　　　　)ました。

　　1 切れ　　　　　2 入れ　　　　　3 走れ　　　　　4 要れ

問題4 ＿＿＿＿に意味が最も近いものを、1・2・3・4 から一つえらびなさい。

26 その実験のやりかたでは失敗するだろう。

　　1 過程　　　　　2 方法　　　　　3 結果　　　　　4 原因

27 彼の正直なところが気に入った。

　　1 話さない　　　2 うそをつかない　3 がんばる　　　4 よく考える

28 演劇のきっぷをもらったんだけど、よかったら一緒に見ませんか。

　　1 ポケット　　　2 プリント　　　3 チケット　　　4 セット

29 残らず食べてしまって、もうありません。

　　1 一部　　　　　2 全然　　　　　3 一体　　　　　4 全部

30 不景気で倒産する会社も増えている。

　　1 こわれる　　　2 あふれる　　　3 つぶれる　　　4 あばれる

問題5　つぎのことばの使い方として最もよいものを、1・2・3・4 から一つえらびなさい。

31　おとなしい

　　1　おとなしい人ですが、自分の考えを持っています。

　　2　子どもたちが大きな声を出して、とてもおとなしい。

　　3　おこっているのではなく、とてもおとなしい気持ちなのだ。

　　4　返事がおとなしくなってすみません。

32　ぴったり

　　1　ぴったり話を聞いて、よく考えてね。

　　2　夏はぴったりしたものが食べたい。

　　3　あなたにぴったりの服を見つけた。

　　4　これさえ読めば、試験はぴったりだ。

33　リサイクル

　　1　天気もいいし、リサイクルにでかけたいですね。

　　2　今度、家をリサイクルすることにしました。

　　3　もう使わないものはリサイクルに出しましょう。

　　4　全部リサイクルしてやり直せたらいいのに。

[34] はかる

1 10まではかって、目を開けてみて。

2 私の娘が言うことを聞かないのではかった。

3 このボールは暗いところではかります。

4 熱をはかったら、とても高かった。

[35] 割合

1 休日は割合料金になるから気をつけてくださいね。

2 今なら、ここにある全商品が3割合です。

3 クラスの男女の割合は同じにしたほうがいいです。

4 コンビニは便利だけど、ちょっと割合だ。

틀리기 쉬운 한자

★는 일본어능력시험에 자주 나오는 것

露	ろう	披露_{ひろう} : 피로, 공개
	★ろ	暴露_{ばくろ} : 폭로　露出_{ろしゅつ} : 노출　露天_{ろてん} : 노천　露骨_{ろこつ} : 노골
爆	ばく	爆弾_{ばくだん} : 폭탄　爆発_{ばくはつ} : 폭발
暴	ぼう	暴行_{ぼうこう} : 폭행　暴力_{ぼうりょく} : 폭력
栽	さい	栽培_{さいばい} : 재배　盆栽_{ぼんさい} : 분재
裁	さい	裁判_{さいばん} : 재판　裁断_{さいだん} : 재단　裁縫_{さいほう} : 재봉　制裁_{せいさい} : 제재
遣	けん	派遣_{はけん} : 파견
遺	い/ゆい	遺跡_{いせき} : 유적　遺族_{いぞく} : 유가족　遺産_{いさん} : 유산　*遺言_{ゆいごん} : 유언
象	しょう/ぞう	印象_{いんしょう} : 인상　対象_{たいしょう} : 대상　気象_{きしょう} : 기상　象徴_{しょうちょう} : 상징　象_{ぞう} : 코끼리
像	ぞう	映像_{えいぞう} : 영상　実像_{じつぞう} : 실상　想像_{そうぞう} : 상상　仏像_{ぶつぞう} : 불상

03 기출 핵심 단어 15

명사

단어	의미		단어	의미		단어	의미
□ アピール	어필, 호소	□ 氷 (こおり)	얼음	□ のど	목
□ 一杯 (いっぱい)	한잔	□ 言葉 (ことば)	말	□ パスポート	여권
□ 印象 (いんしょう)	인상	□ 昨年 (さくねん)	작년	□ パン屋 (や)	빵집
□ 絵 (え)	그림	□ 字 (じ)	글자	□ 非公開 (ひこうかい)	비공개
□ オープン	오픈	□ 実家 (じっか)	친정, 본가, 태어난 집	□ 飛行機 (ひこうき)	비행기
□ お菓子 (かし)	과자	□ 質問 (しつもん)	질문	□ 風景 (ふうけい)	풍경
□ お金持ち (かねもち)	부자	□ 指定席 (していせき)	지정석	□ 服 (ふく)	옷
□ お茶 (ちゃ)	차	□ 品物 (しなもの)	물건, 물품	□ 平和 (へいわ)	평화
□ 角度 (かくど)	각도	□ 授業料 (じゅぎょうりょう)	수업료	□ 勉強 (べんきょう)	공부
□ 過労 (かろう)	과로	□ 宿題 (しゅくだい)	숙제	□ 真中 (まんなか)	한가운데
□ 観察 (かんさつ)	관찰	□ 手術 (しゅじゅつ)	수술	□ ミス	실수, 실패
□ 機械 (きかい)	기계	□ 奨学金 (しょうがくきん)	장학금	□ 虫 (むし)	벌레
□ 帰省 (きせい)	귀성	□ 衝突 (しょうとつ)	충돌	□ 目の前 (めまえ)	눈앞, 목전
□ 給料 (きゅうりょう)	급료	□ ショック	충격	□ メロディー	멜로디
□ 曲 (きょく)	곡, 음악	□ 申請 (しんせい)	신청	□ 面接 (めんせつ)	면접
□ 曲名 (きょくめい)	곡명	□ 成績 (せいせき)	성적	□ 申し込み (もうこみ)	신청
□ ケース	용기, 케이스	□ 世界 (せかい)	세계	□ 役割 (やくわり)	역할
□ 件 (けん)	건	□ 代表 (だいひょう)	대표	□ 容器 (ようき)	용기

□	券 けん	표, 티켓	□	チーム	팀	□	夜中 よなか	밤중
□	限界 げんかい	한계	□	手続き てつづ	절차, 수속	□	連休 れんきゅう	연휴
□	健康 けんこう	건강	□	土地 とち	토지, 땅	□	練習 れんしゅう	연습
□	声 こえ	목소리	□	値段 ねだん	가격	□	連絡 れんらく	연락

:∙ 동사

	단어	의미		단어	의미		단어	의미
□	遊ぶ あそ	놀다	□	着替える きが	갈아입다	□	到着する とうちゃく	도착하다
□	いたす	하다 (する의 겸양어)	□	答える こた	대답하다	□	においがする	냄새가 나다
□	生まれる う	태어나다	□	済む す	끝나다, 완료되다	□	願う ねが	바라다
□	行う おこな	실시하다	□	座る すわ	앉다	□	狙う ねら	겨누다, 노리다
□	思い出す おも だ	생각해내다	□	助かる たす	살아나다	□	流行る はや	유행하다
□	帰る かえ	돌아가다	□	楽しみにする たの	기대하다	□	干す ほ	말리다
□	重なる かさ	거듭되다	□	誕生する たんじょう	탄생하다	□	めがねをかける	안경을 쓰다
□	叶う かな	이루어지다, (조건) 들어맞다	□	着く つ	도착하다	□	儲かる もう	벌리다, 돈벌이가 되다
□	乾く かわ	마르다	□	出会う であ	(우연히) 만나다	□	焼く や	굽다, 태우다
□	頑張る がんば	분발하다, 노력하다	□	出る で	나오다, 나가다	□	汚れる よご	더러워지다

:∙ 형용사

	단어	의미		단어	의미		단어	의미
□	温かい あたた	따뜻하다	□	かってだ	제멋대로다	□	退屈だ たいくつ	지루하다, 따분하다
□	嫌だ いや	싫다	□	幸せだ しあわ	행복하다	□	冷たい つめ	차갑다
□	うれしい	기쁘다	□	親しい した	친하다	□	仲がいい なか	사이가 좋다
□	恐ろしい おそ	두렵다, 무섭다	□	そっくりだ	쏙 빼닮다	□	複雑だ ふくざつ	복잡하다

나머지 품사

	단어	의미		단어	의미		단어	의미
□	^{あんがい}案外	의외	□	^{すこ}少しだけ	조금, 약간	□	はじめて	처음으로, 최초로
□	^{い がい}意外に	의외로	□	ぜひ	꼭, 반드시	□	まるで	마치
□	～おかげで	~덕분에	□	ただちに	바로, 즉시	□	もし	혹시, 만일
□	^{かなら}必ずしも	반드시(+부정)	□	どうしても	어떤 일이 있어도, 아무리 해도	□	～より	~보다
□	すぐに	바로, 즉시	□	～とは^{かぎ}限らない	~라고만은 할 수 없다	□	^{よるおそ}夜遅く	밤늦게
□	^{すこ}少しずつ	조금씩	□	～のあまり	~한 나머지	□	～なきゃ	~지 않으면 (~なければ ならない의 축약형)

問題1 _____ のことばの読み方として最もよいものを、1・2・3・4 から一つえらびなさい。

1 今度の連休には実家へ帰省する人たちが多いだろう。
　　1 きしょう　　　　2 かいせい　　　　3 きせい　　　　4 はんせい

2 のどが乾いたので、水を一杯ください。
　　1 いちばん　　　　2 いっぱい　　　　3 いっぷく　　　　4 いっぺん

3 虫という字を見るのもいやだ。
　　1 めし　　　　　　2 ちゅう　　　　　3 むし　　　　　　4 じゅう

4 手続きが済んだら、帰ってもいいです。
　　1 てつづき　　　　2 てそくき　　　　3 すつづき　　　　4 てそくき

5 私が願うのは世界の平和です。
　　1 おもう　　　　　2 かなう　　　　　3 ねらう　　　　　4 ねがう

6 メロディーはわかるのに、曲名がどうしても思い出せない。
　　1 こくめい　　　　2 きょくみょう　　3 きょくめい　　　4 こくみょう

7 こんな夜中に電話してくるなんて、何かありましたか。
　　1 まんなか　　　　2 よじゅう　　　　3 やちゅう　　　　4 よなか

8 夜遅くに到着する飛行機で帰ります。
　　1 とちゃく　　　　2 ていちゃく　　　3 とうちゃく　　　4 どうちゃく

問題2 ＿＿＿＿のことばを漢字で書くとき、最もよいものを、1・2・3・4 から一つえらびなさい。

9 この仕事でのあなたの<u>やくわり</u>を理解しておいてください。

    1 欲割　　　　　2 約活　　　　　3 役割　　　　　4 生活

10 質問を受けた<u>けん</u>について、お答えいたします。

    1 兼　　　　　2 軒　　　　　3 券　　　　　4 件

11 おいしい<u>おかし</u>と温かいお茶が飲みたいです。

    1 椅子　　　　　2 格子　　　　　3 菓子　　　　　4 果子

12 これまで頑張ってきたけど、私ももう<u>げんかい</u>だ。

    1 限界　　　　　2 減回　　　　　3 限回　　　　　4 減界

13 君のおかげで<u>たすかった</u>よ。ありがとう。

    1 救かった　　　　　2 助かった　　　　　3 欲かった　　　　　4 儲かった

14 <u>こおり</u>のように冷たい手だね。

    1 水　　　　　2 氷　　　　　3 泳　　　　　4 永

問題 3 （　　　）に入れるのに最もよいものを、1・2・3・4 から一つえらびなさい。

15　この機械は複雑そうに見えるが、意外に（　　　）です。
　　　1 不便　　　　　　2 単純　　　　　　3 静か　　　　　　4 まじめ

16　服が（　　　）ので着替えて来ます。
　　　1 よごれた　　　2 はいた　　　　　3 たおれた　　　　4 ほした

17　この絵は見る（　　　）によって印象が少しずつ違います。
　　　1 角　　　　　　2 成果　　　　　　3 角度　　　　　　4 成績

18　おまえ（　　　）にしろ、僕は関係しないから。
　　　1 かって　　　　2 たいくつ　　　　3 不安　　　　　　4 元気

19　宿題のために虫の一日を（　　　）しています。
　　　1 間隔　　　　　2 観察　　　　　　3 警察　　　　　　4 観光

20　仕事が（　　　）せいで、過労で入院した。
　　　1 しまった　　　2 はいった　　　　3 つかった　　　　4 かさなった

21　（　　　）着いたら、こちらに連絡してください。
　　　1 まるで　　　　2 いくら　　　　　3 もし　　　　　　4 どう

22　（　　　）のあまり、言葉が出ません。
　　　1 テスト　　　　2 ショック　　　　3 ミス　　　　　　4 ジュース

23　代表チームの練習は（　　　）公開で行われた。
　　　1 不　　　　　　2 無　　　　　　　3 未　　　　　　　4 非

24 ここは（　　　　　）席ですから、券がないと座れません。

　　1 指定　　　　　2 検定　　　　　3 定食　　　　　4 安定

25 お金持ちが（　　　　　）幸せだとは限らない。

　　1 ぜんぜん　　　2 もしも　　　　3 たぶん　　　　4 かならずしも

問題4 ＿＿＿に意味が最も近いものを、1・2・3・4 から一つえらびなさい。

26 奨学金の申請は明日までです。

　　1 申し合わせ　　2 申し入れ　　　3 申し込み　　　4 申し上げ

27 娘がうまれた日のことは忘れられない。

　　1 発生した　　　2 誕生した　　　3 自生した　　　4 早生した

28 わかりました。すぐにそちらへ行きます。

　　1 ただちに　　　2 かすかに　　　3 きゅうに　　　4 ゆるやかに

29 この容器では品物が全部入らないと思いますが。

　　1 パース　　　　2 ケース　　　　3 ホース　　　　4 ソース

30 彼女とはなかがいいので、何でも話すことができる。

　　1 したしい　　　2 けわしい　　　3 おそろしい　　　4 きびしい

問題5　つぎのことばの使い方として最もよいものを、1・2・3・4から一つえらびなさい。

[31]　面接

1　二人の意見は面接衝突した。

2　成績がよければ、授業料が面接されます。

3　面接会って話せば、すぐわかることなのに。

4　面接では自分をアピールしなくてはいけない。

[32]　はやる

1　あ、これ、今はやっている曲だよ。

2　日本語を勉強する人がはやっている。

3　毎朝、健康のためにはやっている。

4　目の前にはやる風景を見ている。

[33]　そっくりだ

1　山田さんはお母さんと声がそっくりなんです。

2　楽しみにしていた旅行が中止になってそっくりだ。

3　新しいめがねをかけたらそっくりと見える。

4　そっくり、学校に行くことにします。

34 案外

1 祖母は、案外なねだんで土地を買わされた。

2 私が案外しますから、ぜひ遊びに来てください。

3 案外に行くのははじめてだから、パスポートを作らなきゃ。

4 簡単だと思ったら、案外むずかしい。

35 オープン

1 昨年より少しだけ給料がオープンした。

2 彼女と出会ったのは、うれしいオープンでした。

3 学校のとなりに、パン屋がオープンした。

4 オープンでパンを焼いていたら、いいにおいがした。

틀리기 쉬운 한자

★는 일본어능력시험에 자주 나오는 것

域	いき	地域: 지역　　区域: 구역
益	えき	利益: 이익　　有益: 유익
由	ゆ	由来: 유래
	ゆい	由緒: 유서
	★ゆう	理由: 이유　　自由: 자유
説	せつ	説明: 설명　　小説: 소설　　伝説: 전설
	★ぜつ	演説: 연설
	★ぜい	遊説: 유세
気	き	気圧: 기압　　気候: 기후　　気分: 기분　　気持: 기분 気味: 기미
	★け	気配: 낌새, 기미　　吐気: 구역질　　寒気: 한기 湿気: 습기
	★げ	湯気: 수증기
金	きん	募金: 모금　　現金: 현금　　金庫: 금고　　金額: 금액 金曜日: 금요일
	★ぎん	賃金: 임금
	★ごん	黄金: 황금

171

03 기출 핵심 단어 16

⠶ 명사

단어	의미	단어	의미	단어	의미
☐ 間^{あいだ}	동안, 사이	☐ 結論^{けつろん}	결론	☐ 都合^{つごう}	사정, 형편
☐ 悪天候^{あくてんこう}	악천후	☐ コンテスト	경연회, 콘테스트	☐ テレビ	텔레비전
☐ 足^{あし}	발	☐ 財産^{ざいさん}	재산	☐ 取り消し^{とけ}	취소
☐ 油絵^{あぶらえ}	유화	☐ 作成^{さくせい}	작성	☐ 泥棒^{どろぼう}	도둑
☐ 犬^{いぬ}	개	☐ 作品^{さくひん}	작품	☐ 人間^{にんげん}	인간
☐ 絵の具^{えのぐ}	그림 물감	☐ さっき	조금 전	☐ 飲み会^{のみかい}	술 모임
☐ 弟^{おとうと}	남동생	☐ 寒さ^{さむ}	추위	☐ 二十日^{はつか}	20일
☐ お店^{みせ}	가게	☐ 実物^{じつぶつ}	실물	☐ ～匹^{ひき}	～마리
☐ 学歴^{がくれき}	학력	☐ 授業^{じゅぎょう}	수업	☐ 一言^{ひとこと}	한 말씀, 한 마디
☐ 家族^{かぞく}	가족	☐ 署名^{しょめい}	서명	☐ 実り^{みの}	결실
☐ 価値^{かち}	가치	☐ 書類^{しょるい}	서류	☐ 無理^{むり}	무리
☐ 画面^{がめん}	화면	☐ 真実^{しんじつ}	진실	☐ 物^{もの}	물건
☐ 川の水^{かわみず}	강물	☐ スケジュール	스케줄	☐ 約束^{やくそく}	약속
☐ 感謝^{かんしゃ}	감사	☐ 想像^{そうぞう}	상상	☐ 優勝^{ゆうしょう}	우승
☐ 感情^{かんじょう}	감정	☐ 外^{そと}	바깥	☐ 予選^{よせん}	예선
☐ キャンセル	취소	☐ 祖父^{そふ}	할아버지	☐ 予想^{よそう}	예상
☐ 禁止^{きんし}	금지	☐ タクシー	택시	☐ 予定^{よてい}	예정
☐ 警察^{けいさつ}	경찰	☐ 卵^{たまご}	달걀	☐ 理解^{りかい}	이해

	経歴 (けいれき)	경력		誕生日 (たんじょうび)	생일		留学 (りゅうがく)	유학
□	結婚 (けっこん)	결혼	□	駐車 (ちゅうしゃ)	주차	□	両親 (りょうしん)	부모님
□	決定 (けってい)	결정	□	調子 (ちょうし)	상태, 컨디션	□	～羽 (わ)	~마리 (새를 세는 단위)

동사

□	단어	의미	□	단어	의미	□	단어	의미
□	あきらめる	포기하다	□	困る (こま)	곤란하다	□	泣く (な)	울다
□	謝る (あやま)	사과하다	□	触る (さわ)	만지다, 닿다	□	亡くなる (な)	돌아가시다
□	合わせる (あ)	맞추다	□	過ごす (す)	보내다, 살다	□	願う (ねが)	부탁하다
□	歌を歌う (うた)(うた)	노래하다	□	住む (す)	살다	□	残す (のこ)	남기다
□	描く (えが)	그리다	□	捕まえる (つか)	붙잡다	□	逃れる (のが)	도주하다, 달아나다
□	延期する (えんき)	연기하다	□	つきあう	사귀다, 교제하다	□	入る (はい)	들어가다
□	踊る (おど)	춤추다	□	伝わる (つた)	전해지다	□	申し上げる (もう)(あ)	말씀드리다 (言う의 겸양어)
□	貸す (か)	빌려주다	□	溶ける (と)	녹다	□	許す (ゆる)	용서하다, 허락하다
□	首になる (くび)	해고되다	□	流れる (なが)	흐르다	□	笑う (わら)	웃다

형용사

□	단어	의미	□	단어	의미	□	단어	의미
□	うらやましい	부럽다	□	心配だ (しんぱい)	걱정스럽다	□	不可能だ (ふかのう)	불가능하다
□	多い (おお)	많다	□	特別だ (とくべつ)	특별하다	□	不公平だ (ふこうへい)	불공평하다
□	危険だ (きけん)	위험하다	□	長い (なが)	오래되다, 길다	□	立派だ (りっぱ)	멋지다
□	厳しい (きび)	혹독하다, 엄하다	□	必要だ (ひつよう)	필요하다	□	調子が悪い (ちょうし)(わる)	컨디션이 좋지 않다

:: 나머지 품사

	단어	의미		단어	의미		단어	의미
☐	思_{おも}わず	엉겁결에	☐	全然_{ぜんぜん}	전혀, 조금도	☐	～に 反_{はん}して	~를 저버리고
☐	～がどうか	~지 아닐지	☐	そして	그리고	☐	非常_{ひじょう}に	매우
☐	このたび	이번, 금번	☐	直接_{ちょくせつ}	직접	☐	ますます	더욱 더, 점점 더
☐	ごめん	미안해	☐	常_{つね}に	항상	☐	まったく	전혀, 정말이지
☐	さっきから	아까부터	☐	～つもりだ	~할 생각이다	☐	～やすい	~하기 쉽다
☐	じっと	가만히, 지그시	☐	なかなか	좀처럼, 쉽사리	☐	ようやく	겨우, 간신히
☐	しばらく	잠시, 얼마동안	☐	長_{なが}い 間_{あいだ}	오랫동안	☐	～をこめて	~을 담아

問題1 ＿＿＿のことばの読み方として最もよいものを、1・2・3・4 から一つえらびなさい。

1 お店の前に駐車しないでください。中に入れないじゃありませんか。
　　1 じゅうしゃ　　　2 じゃしゃ　　　　3 ちゅうしゃ　　　4 でんしゃ

2 実物を見てから、買うかどうか決めます。
　　1 じつぶつ　　　2 しなもの　　　　3 じつもの　　　　4 しるぶつ

3 書類を作成すること、そして整理することが私の仕事です。
　　1 しょうるい　　　2 しょりゅ　　　　3 しょるい　　　　4 そりゅ

4 卵料理なら作ることができます。
　　1 らん　　　　　2 なん　　　　　　3 あなご　　　　　4 たまご

5 祖父が亡くなり、私には財産が残された。
　　1 せいさん　　　2 ざいさん　　　　3 ぜいさん　　　　4 さいさん

6 私の誕生日は十月二十日です。
　　1 はたち　　　　2 はつか　　　　　3 にじゅうにち　　4 にじゅにち

7 私の家には犬が5匹います。
　　1 わ　　　　　　2 ひき　　　　　　3 とう　　　　　　4 けん

8 今日は、実りの多い一日だった。
　　1 いのり　　　　2 おどり　　　　　3 みのり　　　　　4 かおり

問題2 _____ のことばを漢字で書くとき、最もよいものを、1・2・3・4から一つえらびなさい。

9　明日は約束があって、つごうが悪いんです。

　　1 通合　　　　　2 都合　　　　　3 通号　　　　　4 都号

10　どんな時もつねに注意しておかなくてはいけない。

　　1 常に　　　　　2 既に　　　　　3 普に　　　　　4 返に

11　あぶらえを描くためには、特別な絵の具が必要です。

　　1 油絵　　　　　2 液柄　　　　　3 油枝　　　　　4 液恵

12　ここで写真をとるのは、きんしされています。

　　1 停止　　　　　2 禁止　　　　　3 防止　　　　　4 阻止

13　ながれる川の水を見ながら考えた。

　　1 長れる　　　　2 流れる　　　　3 泳れる　　　　4 逃れる

14　人間の価値はがくれきでは決まりません。

　　1 格歴　　　　　2 学暦　　　　　3 経歴　　　　　4 学歴

問題3 （　　　）に入れるのに最もよいものを、1・2・3・4から一つえらびなさい。

15　物を直接触るのは（　　　　）に危険なことだ。

　　1 否情　　　　　2 否常　　　　　3 非情　　　　　4 非常

16　今日はたくさん歩いたので足が（　　　　）。

　　1 つめたい　　　2 いたい　　　　3 さむい　　　　4 やさしい

17 彼女が出てくるのを（　　　　）待ちました。

1 やっと　　　　　2 いよいよ　　　　3 しばらく　　　　4 ようやく

18 外の雪が（　　　　）のをじっと見ていた。

1 止める　　　　　2 乗る　　　　　　3 降りる　　　　　4 溶ける

19 みんなの予想に反してAチームが（　　　　）した。

1 優勝　　　　　　2 女優　　　　　　3 優先　　　　　　4 俳優

20 家族を（　　　　）して一言、申し上げます。

1 発言　　　　　　2 近代　　　　　　3 代表　　　　　　4 代信

21 （　　　　）の気持をこめて、この歌を歌います。

1 感謝　　　　　　2 注射　　　　　　3 笑顔　　　　　　4 発射

22 警察は泥棒を（　　　　）。

1 つかまえた　　　2 つきあった　　　3 つたわった　　　4 つながった

23 いくら（　　　　）彼女は許してくれません。

1 かいても　　　　2 とめても　　　　3 わらっても　　　　4 あやまっても

24 この（　　　　）は画面が大きくて見やすいです。

1 テレビ　　　　　2 サッカー　　　　3 ビデオ　　　　　4 タクシー

25 悪天候のためF1の予選を（　　　　）することを決定した。

1 期待　　　　　　2 延期　　　　　　3 校庭　　　　　　4 修理

問題4 ＿＿＿＿に意味が最も近いものを、1・2・3・4から一つえらびなさい。

26 まったく想像もしていなかったことでした。
　　1 ますます　　　2 ぜんぜん　　　3 ときどき　　　4 なかなか

27 すみません。ここにお客様のサインをお願いします。
　　1 住所　　　　　2 署名　　　　　3 性別　　　　　4 家族

28 スケジュールを合わせて一緒に準備しましょう。
　　1 予定　　　　　2 予約　　　　　3 約束　　　　　4 決定

29 1時間でそこまで行くのは、どう考えてもむりだ。
　　1 不自然だ　　　2 不細工だ　　　3 不公平だ　　　4 不可能だ

30 ごめん、明日の飲み会の件、キャンセルしてもいい？
　　1 取り消し　　　2 取り組み　　　3 打ち消し　　　4 取り替え

問題 5　つぎのことばの使い方として最もよいものを、1・2・3・4 から一つえらびなさい。

31　りっぱだ

　　1　さっきから、女の人がりっぱに泣いている。

　　2　あの人のりっぱそうな態度がとてもいやだ。

　　3　彼はりっぱだから、すぐ理解できるでしょう。

　　4　こんなりっぱな家に住んでいるなんて、うらやましい。

32　たとえ

　　1　たとえ4月になったのに、寒さが厳しい。

　　2　たとえ両親が結婚を反対するなら、あきらめます。

　　3　たとえ首になっても、真実を言うつもりです。

　　4　たとえあなたは山田さんですか。

33　はっきり

　　1　言いたいことを全部言ったので、気分がはっきりした。

　　2　今日は家に帰って、はっきり休みなさい。

　　3　あのときのことを今でもはっきりと思い出す。

　　4　とてもおいしくて、思わずはっきりと笑ってしまった。

34　こまる

　　1　こまったときは、彼に聞いたらいいよ。

　　2　たくさん歩いたので、足がこまる。

　　3　長い間、こまる日々を過ごしてきた。

　　4　このたび、留学がこまりました。

35　コンテスト

　　1　今日の授業のコンテストを忘れたので、貸してくれる？

　　2　弟は感情をコンテストすることができないので心配だ。

　　3　今作っているのは、コンテストに出す作品です。

　　4　私のコンテスト、最近調子が悪いんですよ。

틀리기 쉬운 한자

★는 일본어능력시험에 자주 나오는 것

生	せい	学生：학생　発生：발생　生活：생활　衛生：위생 生徒：학생
	★しょう	一生：평생, 일생　生涯：생애
	じょう	誕生日：생일
木	もく	木曜日：목요일　材木：재목　木造：목조
	★ぼく	土木：토목　大木：거목　木石：목석
	も	木綿：솜, 면직물
一	いち	一同：일동　一流：일류　一年：1년　一度：한번 一応：일단
	いっ	一杯：한잔　一方：한편　一般：일반　一瞬：한순간
	★いつ	唯一：유일　統一：통일　単一：단일　均一：균일
質	しつ(しっ)	品質：품질　質問：질문　質疑：질의　質素：검소
	★しち	質屋：전당포
	★じち	人質：인질

명사

	단어	의미		단어	의미		단어	의미
☐	合図 あい ず	신호	☐	効果 こう か	효과	☐	チケット	티켓, 표
☐	アラビア語 ご	아라비아어	☐	合格 ごうかく	합격	☐	ちらし	전단지
☐	安全性 あんぜんせい	안정성	☐	校庭 こうてい	교정	☐	机 つくえ	책상
☐	意見 い けん	의견	☐	最新 さいしん	최신	☐	デザート	디저트
☐	運転 うんてん	운전	☐	シール	실, 봉인지	☐	デザイン	디자인
☐	永遠 えいえん	영원	☐	指示 し じ	지시	☐	電車 でんしゃ	전철
☐	液体 えきたい	액체	☐	支度 し たく	준비	☐	ナイフ	나이프
☐	エンジン	엔진	☐	失礼 しつれい	실례	☐	荷物 に もつ	짐
☐	応募 おう ぼ	응모	☐	住宅 じゅうたく	주택	☐	入学式 にゅうがくしき	입학식
☐	大雪 おおゆき	많은 눈	☐	出場 しゅつじょう	출전	☐	発生 はっせい	발생
☐	重さ おも	무게	☐	出張 しゅっちょう	출장	☐	話 はなし	이야기
☐	オリンピック	올림픽	☐	上司 じょう し	상사	☐	美容院 びょういん	미용원, 미장원
☐	顔 かお	얼굴	☐	少数 しょうすう	소수	☐	不合格 ふ ごうかく	불합격
☐	風邪薬 か ぜ ぐすり	감기약	☐	食事 しょく じ	식사	☐	二人 ふたり	두 사람
☐	機内 き ない	기내	☐	資料 し りょう	자료	☐	ベル	벨소리
☐	兄弟 きょうだい	형제	☐	水泳 すいえい	수영	☐	帽子 ぼう し	모자
☐	キロ	킬로	☐	スキー場 じょう	스키장	☐	募集 ぼ しゅう	모집
☐	禁止 きん し	금지	☐	製品 せいひん	제품	☐	昔 むかし	옛날

☐	工夫 くふう	궁리, 생각	☐	制服 せいふく	제복, 교복	☐	問題 もんだい	문제
☐	クリーニング	세탁, (드라이)클리닝	☐	尊重 そんちょう	존중	☐	休み時間 やす じ かん	휴식시간
☐	ケーキ	케이크	☐	多数 た すう	다수	☐	有料 ゆうりょう	유료
☐	ゲーム	게임	☐	大学 だいがく	대학	☐	夢 ゆめ	꿈
☐	化粧品 け しょうひん	화장품	☐	態度 たい ど	태도	☐	予定 よ てい	예정
☐	工夫 くふう	궁리, 생각, 아이디어	☐	対立 たいりつ	대립	☐	離婚 り こん	이혼
☐	検査 けん さ	검사	☐	頼み たの	부탁	☐	両親 りょうしん	양친, 부모님

:: 동사

	단어	의미		단어	의미		단어	의미
☐	あげる	주다	☐	変わる か	바뀌다	☐	寝る ね	자다
☐	現れる あらわ	나타나다	☐	配る くば	배부하다	☐	始める はじ	시작하다
☐	生きる い	살다	☐	断る ことわ	거절하다	☐	命じる めい	명하다, 명령하다
☐	祝う いわ	축하하다	☐	進む すす	나아가다	☐	目が覚める め さ	눈이 떠지다
☐	映る うつ	나타나다, 비치다	☐	建てる た	세우다	☐	持ち込む も こ	가지고 들어가다, 반입하다
☐	怒る おこ	화내다, 꾸짖다	☐	注文する ちゅうもん	주문하다	☐	やぶる	깨다, 어기다, 찢다
☐	教わる おそ	배우다	☐	解ける と	풀리다	☐	やり直す なお	고쳐하다, 다시하다
☐	お風呂に入る ふ ろ はい	목욕하다	☐	習う なら	배우다	☐	やる	하다
☐	思う おも	생각하다	☐	鳴る な	울리다	☐	夢をみる ゆめ	꿈을 꾸다

∷ 형용사

	단어	의미		단어	의미		단어	의미
☐	忙^{いそが}しい	바쁘다	☐	怖^{こわ}い	무섭다	☐	眠^{ねむ}い	졸리다
☐	うまい	잘하다, 맛있다	☐	静^{しず}かだ	조용하다	☐	必要^{ひつよう}だ	필요하다
☐	うるさい	시끄럽다	☐	上手^{じょうず}だ	능숙하다	☐	皮肉^{ひにく}だ	빈정거리다
☐	重^{おも}い	무겁다	☐	大丈夫^{だいじょうぶ}だ	괜찮다	☐	無駄^{むだ}だ	쓸데없다, 헛되다
☐	器用^{きよう}だ	솜씨가 뛰어나다	☐	仲^{なか}が悪^{わる}い	사이가 나쁘다	☐	無理^{むり}だ	무리하다

∷ 나머지 품사

	단어	의미		단어	의미		단어	의미
☐	うっかり	깜빡, 무심코	☐	せいぜい	기껏해야, 고작	☐	～なくちゃ	~지 않으면 (なくては의 축약형)
☐	お先^{さき}に	먼저	☐	～たばかり	막 ~한	☐	まるで	마치
☐	およそ	대강, 약	☐	たぶん	아마	☐	～みたい	~같다
☐	～ずに	~않고	☐	～とおり	~대로	☐	約^{やく}	약, 대략
☐	すべて	전부	☐	どんなに～ても	아무리 ~해도	☐	～ように	~(하)도록

問題1 ＿＿＿ のことばの読み方として最もよいものを、1·2·3·4 から一つえらびなさい。

1 合図をしたら、話を始(はじ)めてください。
　　1 あいず　　　　2 さしず　　　　3 あいと　　　　4 ごうと

2 オリンピックに出場できるなんて、夢みたいです。
　　1 しゅっちょう　2 しゅつじょう　3 ちゅうじょう　4 しゅつば

3 大学合格を祝ってあげなくちゃね。
　　1 いのって　　　2 まわって　　　3 いわって　　　4 さわって

4 この実験をするように先生が私に命じました。
　　1 みょう　　　　2 まん　　　　　3 のう　　　　　4 めい

5 どんなに忙しくても電話はしてほしい。
　　1 いそがしく　　2 うれしく　　　3 さびしく　　　4 かなしく

6 テレビの画面に何も映っていない。
　　1 ばめん　　　　2 がめん　　　　3 かくめん　　　4 しょうめん

7 休み時間には、校庭に出て、友達と遊びましょう。
　　1 きょでい　　　2 きょうじょう　3 こうじょ　　　4 こうてい

8 私は 10 年間、水泳をならっています。
　　1 えいえん　　　2 すいえい　　　3 みずえい　　　4 えいよう

問題2 ＿＿＿のことばを漢字で書くとき、最もよいものを、1・2・3・4 から一つえらびなさい。

9　機内にえきたいを持ち込むのは禁止されております。
　　1 液体　　　　2 反対　　　　3 液対　　　　4 引退

10　兄とはむかしから仲が悪かった。
　　1 前　　　　　2 常　　　　　3 昔　　　　　4 貴

11　彼はいつもひにくばかり言っている。
　　1 比肉　　　　2 皮句　　　　3 比句　　　　4 皮肉

12　入学式の前までにせいふくをクリーニングに出しておく。
　　1 洋服　　　　2 校服　　　　3 制服　　　　4 生服

13　とけない問題が多かったから、たぶん不合格だと思う。
　　1 説けない　　2 溶けない　　3 答けない　　4 解けない

14　しじされたとおりにやったのに怒られた。
　　1 指示　　　　2 用紙　　　　3 支持　　　　4 赤字

問題3 （　　　）に入れるのに最もよいものを、1・2・3・4から一つえらびなさい。

15 こちらにあるゲームはすべて（　　　）です。
　　1 収入　　　　　　2 有料　　　　　　3 料金　　　　　　4 家賃

16 アルバイトを（　　　）しているが、誰もこない。
　　1 応募　　　　　　2 応対　　　　　　3 募集　　　　　　4 満員

17 （　　　）の意見でも尊重する態度が必要だ。
　　1 人数　　　　　　2 多数　　　　　　3 少数　　　　　　4 点数

18 あの二人は、顔も行動もそっくりで（　　　）兄弟みたいだ。
　　1 まるで　　　　　2 ぜひ　　　　　　3 やはり　　　　　4 もしも

19 あの二人は離婚したばかりの（　　　）です。
　　1 工夫　　　　　　2 夫婦　　　　　　3 工事　　　　　　4 丈夫

20 風邪薬の（　　　）があらわれて、熱が下がりました。
　　1 結果　　　　　　2 効果　　　　　　3 降下　　　　　　4 高価

21 両親と意見が（　　　）して話が進まない。
　　1 対立　　　　　　2 賛成　　　　　　3 協力　　　　　　4 質問

22 道で美容院のちらしを（　　　）。
　　1 さわいでいる　　2 くるっている　　3 さわっている　　4 くばっている

23 お風呂に入ろうとしたら、電話のベルが（　　　）。
　　1 泣いた　　　　　2 描いた　　　　　3 鳴った　　　　　4 切った

24 　上司の(　　　　　　)な頼みを断りました。

  1　無料   2　無断   3　無駄   4　無理

25 　食事の後、(　　　　　　)にケーキを注文しました。

  1　スケート   2　ミルク   3　デザート   4　センター

問題4　＿＿＿＿に意味が最も近いものを、1・2・3・4から一つえらびなさい。

26 　先生に<u>おそわった</u>ことを忘れずにすれば大丈夫だ。

  1　ならった 2　わかった 3　おしえた 4　はなした

27 　寝る前に、明日の<u>支度</u>をしておく。

  1　整理   2　修正   3　予定   4　準備

28 　この荷物の重さは<u>やく</u>5キロである。

  1　あと   2　もう   3　およそ   4　せいぜい

29 　どこかにアラビア語が<u>うまい</u>人はいないかなあ。

  1　地味な   2　特別な   3　正確な   4　上手な

30 　製品の安全性についての<u>テスト</u>はもうしたのですか。

  1　資格   2　検査   3　演奏   4　会議

問題5 つぎのことばの使い方として最もよいものを、1・2・3・4から一つえらびなさい。

31 うっかり

　1 こわい夢を見てうっかりして目が覚めた。

　2 これからは静かにうっかりと生きていきたい。

　3 うっかりして、彼に連絡しておくのを忘れた。

　4 雪が降っているから注意してうっかり運転してね。

32 工夫

　1 近くで工夫をしているので、とてもうるさい。

　2 この住宅は最新の工夫で建てられた。

　3 自分で工夫して仕事をしてみなさい。

　4 このスキー場は工夫の雪を使っています。

33 器用だ

　1 彼は器用ならピアノでも何でもできる。

　2 器用ができたので、お先に失礼します。

　3 これも君が作ったの？ 本当に手先が器用だね。

　4 化粧品の器用のデザインはきれいなものが多い。

34　キャンセル

　　1　車のエンジンにキャンセルが発生したようです。

　　2　気持ちをキャンセルして、明日からやり直しだ。

　　3　予定が変わったので飛行機のチケットをキャンセルした。

　　4　大雪のため、電車もバスもキャンセルしています。

35　やぶる

　　1　ナイフで手をやぶってしまった。

　　2　名前を書いたシールを机にやぶりました。

　　3　新しく買ったぼうしをやぶって出かけよう。

　　4　一度した約束をやぶるのはよくないと思う。

시험에 강해지는 TIP

틀리기 쉬운 한자

★는 일본어능력시험에 자주 나오는 것

呼	こ	호	呼吸 : 호흡			
豪	ごう	호	豪雨 : 호우	豪華 : 호화		
高	こう	고	高級 : 고급	高価 : 고가		
降	こう	강	降水 : 강수			
香	こう	향	香水 : 향수			
洪	こう	홍	洪水 : 홍수			
公	こう		公平 : 공평	公正 : 공정	公務 : 공무	公式 : 공식
功	こう		成功 : 성공	功績 : 공적		
空	★くう	공	空港 : 공항	空気 : 공기	空間 : 공간	
共	★きょう		共同 : 공동	共通 : 공통	公共 : 공공	
供	きょう		提供 : 제공	供給 : 공급		
恐	★きょう		恐怖 : 공포	恐縮 : 황공		

191

03 기출 핵심 단어 18

명사

	단어	의미		단어	의미		단어	의미
☐	一度 いちど	한번	☐	午後 ごご	오후	☐	手紙 てがみ	편지
☐	受付 うけつけ	접수(처)	☐	個人 こじん	개인	☐	電話代 でんわだい	전화비
☐	器 うつわ	그릇, 용기	☐	この際 さい	이 기회, 이때	☐	努力 どりょく	노력
☐	売上 うりあげ	매상	☐	再会 さいかい	재회	☐	夏 なつ	여름
☐	営業 えいぎょう	영업	☐	事件 じけん	사건	☐	涙 なみだ	눈물
☐	遠足 えんそく	소풍	☐	事故 じこ	사고	☐	ハンカチ	손수건
☐	延長 えんちょう	연장	☐	実力 じつりょく	실력	☐	ビザ	비자
☐	お祝い いわ	축하	☐	集合 しゅうごう	집합	☐	左 ひだり	왼쪽
☐	オープン	오픈	☐	週末 しゅうまつ	주말	☐	夫婦 ふうふ	부부
☐	お寺 てら	절	☐	宿題 しゅくだい	숙제	☐	文章 ぶんしょう	문장
☐	大人 おとな	어른	☐	出身 しゅっしん	출신	☐	方法 ほうほう	방법
☐	開店 かいてん	개점	☐	出発 しゅっぱつ	출발	☐	他 ほか	다른
☐	学問 がくもん	학문	☐	証明 しょうめい	증명	☐	北海道 ほっかいどう	홋카이도
☐	学校 がっこう	학교	☐	新婚 しんこん	신혼	☐	天気予報 てんきよほう	일기예보
☐	活躍 かつやく	활약	☐	スーパー	슈퍼	☐	翻訳 ほんやく	번역
☐	髪の毛 かみ け	머리카락	☐	背 せ	키	☐	毎朝 まいあさ	매일 아침
☐	体 からだ	신체	☐	成人 せいじん	성인	☐	未解決 みかいけつ	미해결
☐	感情 かんじょう	감정	☐	整理 せいり	정리	☐	無罪 むざい	무죄

☐	期限 きげん	기한	☐	積極的 せっきょくてき	적극적	☐	家賃 やちん	집세
☐	傷 きず	상처	☐	ソフト	소프트(소프트 웨어의 준말)	☐	郵便局 ゆうびんきょく	우체국
☐	果物 くだもの	과일	☐	祖母 そぼ	할머니	☐	旅行中 りょこうちゅう	여행 중
☐	国 くに	나라	☐	存在 そんざい	존재	☐	りんご	사과
☐	クラス	반, 클래스	☐	台風 たいふう	태풍	☐	レポート	리포트
☐	効果 こうか	효과	☐	中国 ちゅうごく	중국	☐	レンタル	렌털, 임대
☐	郊外 こうがい	교외	☐	通過 つうか	통과	☐	連絡 れんらく	연락

🔹 동사

	단어	의미		단어	의미		단어	의미
☐	上がる あ	올라가다	☐	競う きそ	다투다, 경쟁하다	☐	梅雨が明ける つゆ あ	장마가 끝나다
☐	失う うしな	잃다	☐	ごまかす	속이다	☐	眠る ねむ	잠들다
☐	奪う うば	빼앗다	☐	時間をかける じかん	시간을 들이다	☐	外れる はず	빗나가다, 엇나가다
☐	送る おく	보내다	☐	試験を受ける しけん う	시험을 보다	☐	省く はぶ	줄이다, 생략하다
☐	貸す か	빌려주다	☐	過ごす す	보내다, 지내다	☐	貼る は	붙이다, 바르다
☐	叶う かな	이루어지다	☐	育つ そだ	자라다	☐	拭く ふ	닦다
☐	借りる か	빌리다	☐	試す ため	시험해 보다	☐	曲がる ま	돌다, 꺾어지다
☐	感じる かん	느끼다	☐	頼る たよ	의지하다, 믿다	☐	目立つ めだ	눈에 띄다

:: 형용사

	단어	의미		단어	의미		단어	의미
☐	暑い	덥다	☐	だめだ	안된다	☐	長い	길다, 오래되다
☐	厳しい	험하다, 혹독하다	☐	だらしない	단정하지 않다	☐	苦手だ	서투르다, 대하기싫다
☐	背が高い	키다 크다	☐	つまらない	시시하다, 하찮다	☐	短い	짧다
☐	頼もしい	믿음직하다	☐	手頃だ	알맞다, 적당하다	☐	容易だ	용이하다

:: 나머지 품사

	단어	의미		단어	의미		단어	의미
☐	一番	가장	☐	さすが	과연, 역시	☐	〜ぶり	~만에
☐	いよいよ	마침내, 드디어	☐	正直に	솔직히	☐	〜まま	~인 채로
☐	おもに	주로	☐	すぐ	바로	☐	万一	만일, 만약
☐	ぐっすり	푹	☐	ずっと	쭉, 계속	☐	もう	이제
☐	〜さえ	~조차	☐	ただ	그저, 다만	☐	もう少し	조금
☐	先に	먼저	☐	たまたま	우연히, 마침	☐	もし	혹시

問題1 ＿＿＿のことばの読み方として最もよいものを、1・2・3・4から一つえらびなさい。

1 明日の遠足は、まず学校に集合してから出発します。
　　1 しゅごう　　　2 しゅうごう　　　3 しゅうあい　　　4 しゅあい

2 私の祖母は毎朝、お寺に行く。
　　1 ちょう　　　2 じんじゃ　　　3 とり　　　4 てら

3 未解決のままの事件は思ったより多いのです。
　　1 しけん　　　2 じけん　　　3 じっけん　　　4 じこ

4 この際、器を全部買っておこうと思います。
　　1 ばあい　　　2 とき　　　3 さい　　　4 あいだ

5 レポートの期限は8月31日の午後6時までですよ。
　　1 きじつ　　　2 きそう　　　3 きはん　　　4 きげん

6 もし苦手な食べ物があったら、先に言ってくださいね。
　　1 へた　　　2 くじょう　　　3 にがて　　　4 こて

7 人をごまかして金を奪う。
　　1 さらう　　　2 うたう　　　3 かなう　　　4 うばう

8 大人になってからは一度も風邪をひいたことがない。
　　1 だいじん　　　2 おおじん　　　3 おとこ　　　4 おとな

問題2 ＿＿＿＿のことばを漢字で書くとき、最もよいものを、1・2・3・4から一つえらびなさい。

9 くだものの中でりんごが一番好きです。
    1 果物   2 菓物   3 菓子   4 果子

10 先生ががくもんの道はきびしいと言った。
    1 学校   2 校門   3 学問   4 楽門

11 もううしなうものなど何もないはずだ。
    1 占う   2 失う   3 無う   4 亡う

12 しょうじきに今の気持ちを話してみたら、どうですか。
    1 率直   2 正式   3 率色   4 正直

13 台風がつうかしたあとは、とても暑くなる。
    1 通過   2 通行   3 通信   4 通貨

14 無罪を証明するのは、よういなことではない。
    1 用意   2 要為   3 容易   4 様囲

問題3 （　　　）に入れるのに最もよいものを、1・2・3・4から一つえらびなさい。

15 旅行中は（　　　）行動はしないでください。
　　1 自分　　　　　　2 個人　　　　　　3 簡単　　　　　　4 人間

16 積極的な営業の効果があり、店の（　　　）が上がりました。
　　1 売上　　　　　　2 買い物　　　　　3 身長　　　　　　4 失業

17 今日は山田選手の（　　　）が目立ちました。
　　1 活発　　　　　　2 活躍　　　　　　3 生活　　　　　　4 曜日

18 ビザの延長の方法は（　　　）で聞いてみてください。
　　1 成績　　　　　　2 授業　　　　　　3 受付　　　　　　4 成長

19 天気予報が（　　　）、今日はずっと雨だった。
　　1 はずれて　　　　2 たおれて　　　　3 くずれて　　　　4 おちて

20 私が彼女に（　　　）感情は何だろう。
　　1 通じる　　　　　2 感じる　　　　　3 送じる　　　　　4 過じる

21 自分の実力を（　　　）ためにこの試験を受けた。
　　1 ためす　　　　　2 なくす　　　　　3 うつす　　　　　4 みえる

22 事故の後、（　　　）文章さえ書くのが難しくなった。
　　1 ながい　　　　　2 おもしろい　　　3 つまらない　　　4 みじかい

23 昨日、（　　　）入ったスーパーで、子供のころの友人と10年ぶりに再会した。
　　1 たまたま　　　　2 たまに　　　　　3 ぐあい　　　　　4 さすがに

24　今の私には（　　　　　）待つより他^{ほか}の方法がない。

　　1　まず　　　　　　2　おもに　　　　　3　ただ　　　　　4　さきに

25　母は（　　　　　）で涙を拭^ふきました。

　　1　ガラス　　　　　2　ネクタイ　　　　3　ハンカチ　　　4　ヒーター

問題4　　　　　に意味が最も近いものを、1・2・3・4から一つえらびなさい。

26　梅雨が<u>明けたら</u>、いよいよ夏が来る。

　　1　うつしたら　　　2　きたら　　　　　3　おわったら　　4　とおったら

27　このクラスで田中先生は<u>たのもしい</u>存在である。

　　1　なさけない　　　2　だらしない　　　3　たよりになる　4　けんきになる

28　<u>もし</u>、何か問題があったらすぐ連絡します。

　　1　一応　　　　　　2　一旦　　　　　　3　万点　　　　　4　万一

29　オープンのお祝いに花をおくりました。

　　1　開店　　　　　　2　展開　　　　　　3　発生　　　　　4　支店

30　週末は、DVDを<u>レンタルして</u>きて、家でゆっくり過ごします。

　　1　おくって　　　　2　かりて　　　　　3　かって　　　　4　かして

問題5　つぎのことばの使い方として最もよいものを、1・2・3・4から一つえらびなさい。

31　出身

　　1　田中さんは、東京の出身に住んでいる。

　　2　田中さんは、東京の出身ですが、育ったのは北海道です。

　　3　田中さんは出身が高いので、郊外に住んでいます。

　　4　田中さんは出身で、中国に行くことになりました。

32　はぶく

　　1　CO_2 をはぶくために努力しよう。

　　2　あの人からもらった手紙ははぶいた。

　　3　いらないところははぶいて整理しなさい。

　　4　もう少し宿題をはぶいてください。

33　手頃

　　1　郵便局の手頃を左に曲がります。

　　2　翻訳は何度も手頃をした。

　　3　家賃も安いし、この家なら新婚夫婦に手頃だ。

　　4　母が子供の傷を手頃した。

34 ぐっすり

1 何も考えないで、朝までぐっすり眠りたい。

2 私の父は背が高く、ぐっすりした体の人です。

3 時間をかけて、ぐっすり考えたほうがいいよ。

4 基本的なことをまずぐっすりやっていきたい。

35 ルール

1 髪の毛をきれいにルールしてもらってうれしい。

2 このゲームのルールはちょっと難しすぎると思う。

3 このソフトには、便利なルールがいっぱいあります。

4 机の上にルールをはったら、だめですよ。

틀리기 쉬운 한자

★는 일본어능력시험에 자주 나오는 것

義	ぎ		講義 こうぎ : 강의	正義 せいぎ : 정의	義務 ぎむ : 의무	意義 いぎ : 의의
議	ぎ	의★	会議 かいぎ : 회의	議会 ぎかい : 의회	協議 きょうぎ : 협의	抗議 こうぎ : 항의
儀	ぎ		儀式 ぎしき : 의식	儀礼 ぎれい : 의례		
巨	きょ		巨大 きょだい : 거대	巨人 きょじん : 거인		
拒	きょ		拒否 きょひ : 거부	拒絶 きょぜつ : 거절		
距	きょ	거★	距離 きょり : 거리			
去	きょ		去年 きょねん : 작년			
主	しゅ		主人 しゅじん : 주인	主婦 しゅふ : 주부	主体 しゅたい : 주체	
住	じゅう		住民 じゅうみん : 주민	住所 じゅうしょ : 주소		
注	ちゅう	주★	注射 ちゅうしゃ : 주사	注意 ちゅうい : 주의	注視 ちゅうし : 주시	発注 はっちゅう : 발주
駐	ちゅう		駐車 ちゅうしゃ : 주차			
受	じゅ		受験 じゅけん : 수험	受益 じゅえき : 수익		
授	じゅ		授業 じゅぎょう : 수업	教授 きょうじゅ : 교수	授与 じゅよ : 수여	
樹	じゅ	수★	樹木 じゅもく : 수목	街路樹 がいろじゅ : 가로수		
需	じゅ		需要 じゅよう : 수요			
寿	じゅ		寿命 じゅみょう : 수명			

실전 모의테스트 문제 정답표

〈실전 모의테스트 1회〉

1	2	3	4	5	6	7	8	9	10	11	12	13	14	15
4	4	3	4	1	4	2	2	2	3	1	1	4	2	1

16	17	18	19	20	21	22	23	24	25	26	27	28	29	30
1	3	4	3	2	1	4	2	2	1	3	4	2	4	4

31	32	33	34	35
3	2	4	1	2

〈실전 모의테스트 2회〉

1	2	3	4	5	6	7	8	9	10	11	12	13	14	15
1	3	2	4	3	2	3	4	3	1	1	3	4	2	4

16	17	18	19	20	21	22	23	24	25	26	27	28	29	30
3	2	4	2	4	3	4	1	3	1	2	1	4	3	1

31	32	33	34	35
1	3	2	3	2

〈실전 모의테스트 3회〉

1	2	3	4	5	6	7	8	9	10	11	12	13	14	15
1	4	2	2	4	4	1	3	3	2	1	4	4	2	2

16	17	18	19	20	21	22	23	24	25	26	27	28	29	30
3	4	1	4	3	2	3	1	2	2	2	1	3	2	4

31	32	33	34	35
1	3	2	3	2

〈실전 모의테스트 4회〉

1	2	3	4	5	6	7	8	9	10	11	12	13	14	15
2	1	3	4	2	1	3	4	4	2	3	4	2	1	3

16	17	18	19	20	21	22	23	24	25	26	27	28	29	30
3	1	1	3	1	1	3	3	1	1	3	4	1	2	2

31	32	33	34	35
1	3	3	3	3

〈실전 모의테스트 5회〉

1	2	3	4	5	6	7	8	9	10	11	12	13	14	15
4	3	4	3	2	1	4	4	4	4	1	3	4	3	2

16	17	18	19	20	21	22	23	24	25	26	27	28	29	30
3	3	4	1	2	3	1	3	1	3	2	1	4	3	1

31	32	33	34	35
3	2	3	3	2

〈실전 모의테스트 6회〉

1	2	3	4	5	6	7	8	9	10	11	12	13	14	15
2	4	1	3	4	1	4	3	2	3	4	2	2	2	2

16	17	18	19	20	21	22	23	24	25	26	27	28	29	30
2	2	4	4	1	1	2	1	2	2	1	1	1	1	3

31	32	33	34	35
1	1	3	2	1

〈실전 모의테스트 7회〉

1	2	3	4	5	6	7	8	9	10	11	12	13	14	15
2	3	3	4	3	4	2	3	2	4	2	1	4	3	1

16	17	18	19	20	21	22	23	24	25	26	27	28	29	30
2	1	2	3	3	3	1	2	2	2	4	2	3	1	2

31	32	33	34	35
1	3	3	1	2

〈실전 모의테스트 8회〉

1	2	3	4	5	6	7	8	9	10	11	12	13	14	15
2	1	2	3	3	3	4	2	3	2	3	2	3	4	1

16	17	18	19	20	21	22	23	24	25	26	27	28	29	30
2	3	2	1	1	2	2	2	1	4	2	2	4	1	2

31	32	33	34	35
2	1	2	1	2

〈실전 모의테스트 9회〉

1	2	3	4	5	6	7	8	9	10	11	12	13	14	15
3	3	4	2	4	2	1	2	1	3	3	4	1	2	1

16	17	18	19	20	21	22	23	24	25	26	27	28	29	30
2	4	2	3	4	2	2	3	4	1	2	1	3	3	4

31	32	33	34	35
1	3	1	3	3

〈실전 모의테스트 10회〉

1	2	3	4	5	6	7	8	9	10	11	12	13	14	15
4	3	4	1	2	1	4	3	2	4	4	3	2	3	2

16	17	18	19	20	21	22	23	24	25	26	27	28	29	30
2	1	2	4	1	3	2	1	3	2	1	4	1	4	3

31	32	33	34	35
1	2	1	3	3

〈실전 모의테스트 11회〉

1	2	3	4	5	6	7	8	9	10	11	12	13	14	15
3	2	1	2	3	2	2	3	4	2	1	2	4	2	1

16	17	18	19	20	21	22	23	24	25	26	27	28	29	30
3	1	3	1	4	2	1	4	3	2	1	2	1	2	4

31	32	33	34	35
3	4	3	4	3

〈실전 모의테스트 12회〉

1	2	3	4	5	6	7	8	9	10	11	12	13	14	15
3	1	4	2	1	2	1	3	2	2	1	3	3	3	3

16	17	18	19	20	21	22	23	24	25	26	27	28	29	30
1	4	2	1	3	2	3	1	4	2	2	2	3	4	1

31	32	33	34	35
3	4	1	4	3

〈실전 모의테스트 13회〉

1	2	3	4	5	6	7	8	9	10	11	12	13	14	15
1	3	3	2	4	2	1	4	3	3	3	1	3	4	1

16	17	18	19	20	21	22	23	24	25	26	27	28	29	30
2	3	2	4	4	1	1	3	2	4	4	1	4	2	4

31	32	33	34	35
2	4	4	1	1

〈실전 모의테스트 14회〉

1	2	3	4	5	6	7	8	9	10	11	12	13	14	15
4	4	1	2	3	2	1	2	1	3	1	2	3	2	2

16	17	18	19	20	21	22	23	24	25	26	27	28	29	30
4	2	3	4	3	1	2	4	1	1	2	2	3	4	3

31	32	33	34	35
1	3	3	4	3

〈실전 모의테스트 15회〉

1	2	3	4	5	6	7	8	9	10	11	12	13	14	15
3	2	3	1	4	3	4	3	3	4	3	1	2	2	2

16	17	18	19	20	21	22	23	24	25	26	27	28	29	30
1	3	1	2	4	3	2	4	1	4	3	2	1	2	1

31	32	33	34	35
4	1	1	4	3

〈실전 모의테스트 16회〉

1	2	3	4	5	6	7	8	9	10	11	12	13	14	15
3	1	3	4	2	2	2	3	2	1	1	2	2	4	4

16	17	18	19	20	21	22	23	24	25	26	27	28	29	30
2	3	4	1	3	1	1	4	1	2	2	2	1	4	1

31	32	33	34	35
4	3	3	1	3

〈실전 모의테스트 17회〉

1	2	3	4	5	6	7	8	9	10	11	12	13	14	15
1	2	3	4	1	2	4	2	1	3	4	3	4	1	2

16	17	18	19	20	21	22	23	24	25	26	27	28	29	30
3	3	1	2	2	1	4	3	4	3	1	4	3	4	2

31	32	33	34	35
3	3	3	3	4

〈실전 모의테스트 18회〉

1	2	3	4	5	6	7	8	9	10	11	12	13	14	15
2	4	2	3	4	3	4	4	1	3	2	4	1	3	2

16	17	18	19	20	21	22	23	24	25	26	27	28	29	30
1	2	3	1	2	1	4	1	3	3	3	3	4	1	2

31	32	33	34	35
2	3	3	1	2

실전 모의테스트 문제 **해석**

PART 1 실전 모의테스트 1회

문제 1 _____의 단어 읽는 법으로 가장 적당한 것을
1 · 2 · 3 · 4에서 하나 고르세요.

1 회사의 <u>중요한</u> 서류를 잃어버렸습니다.

2 개를 <u>돌봐준</u> 이웃에게 감사의 말을 전했습니다.

3 이 가게의 <u>상품(물품)</u>이라면 믿을 수 있습니다.

4 근처 사람에게 우산을 <u>빌렸습니다</u>.

5 회의는 3시까지 예정이었는데, 아직 <u>끝나지 않았
습니다</u>.

6 태풍으로 야구 시합은 <u>중지</u> 되었습니다.

7 (<u>볼</u>)일이 생겨서 오늘 약속은 취소하겠습니다.

8 다나카 선생님은 새에 대한 <u>연구</u>를 하고 있습니다.

문제 2 _____단어를 한자로 쓸 때 가장 적당한 것을
1 · 2 · 3 · 4에서 하나 고르세요.

9 <u>작년</u>에 구입한 자전거가 벌써 고장 났습니다.

10 <u>언니(누나)</u>는 어딘가 아픈 얼굴(표정)을 하고 있습니다.

11 남편은 매주 월요일 문학 연구회에 <u>다니고</u> 있습니다.

12 미국으로의 유학 준비는 이정도 하면 <u>충분합니다</u>.

13 지금 마침 인원수가 <u>모자랍니다</u>.

14 이 거리는 <u>시민</u>들에게 사랑받고 있습니다.

문제 3 (   )에 들어갈 가장 적당한 것을 1 · 2 · 3 · 4에
서 하나 고르세요.

15 사장님은 새 기술에 (흥미)를 가지고 계십니다.

16 전철 환승도 조금은 (익숙해)졌습니다.

17 아버지의 (방해)가 되지 않도록 하거라.

18 다이어트를 위해서 (너무) 많이 먹지 않도록 하고
있습니다.

19 생일 파티에 (초대)받았습니다.

20 두 번 다시 같은 (실패)는 하고 싶지 않습니다.

21 스포츠는 (연습)이 중요합니다.

22 이 구두는 가벼워서 (신기 편)합니다.

23 휴대전화의 사용법은 (매뉴얼)에 쓰여 있습니다.

24 입원하게 되어 회사의 사람들로부터 (쾌차하세요)
라는 말을 들었습니다.

25 물이 (끓고) 있는 소리가 납니다.

문제 4 _____의 의미가 가장 가까운 것을 1 · 2 · 3 · 4
에서 하나 고르세요.

26 요즘 감기가 유행하고 있으니까 <u>조심해</u> 주세요.

27 <u>드디어</u> 그가 모습을 드러냈습니다.

28 두 회사는 <u>상호</u> 협력을 약속했다고 합니다.

29 이런 <u>기회</u>는 두 번 다시 안 온다고 생각합니다.

30 나는 <u>수다스러운</u> 사람은 그다지 좋아하지 않습니다.

문제 5 다음 단어의 사용법으로 가장 적당한 것을 1·2·3·4에서 하나 고르세요.

31 通る 지나(가)다
① 다나카 씨는 무역회사에 지나가고 있습니다.
② 겨울이 지나면 따뜻한 봄이 찾아 온다.
③ 이 길은 사람이 많이 지나갑니다.
④ 어머니는 쇼핑을 지나고 있습니다.

32 すっかり 완전히
① 오늘은 완전히 걸었습니다.
② 완전히 잊고 있었습니다.
③ 완전히 운동해 주세요.
④ 내 이야기를 완전히 들어 주세요.

33 さしあげる 드리다(あげる의 겸양어)
① 꽃에 물을 드렸습니다.
② (나의) 아버지에게 넥타이를 드렸습니다.
③ 새에게 모이를 드렸습니다.
④ 선생님께 책을 드렸습니다.

34 行方 행방
① 경찰은 범인의 행방을 좇고 있다.
② 행방 감각이 둔한 사람도 있습니다.
③ 여행 행방은 어디입니까?
④ 태풍은 행방을 남쪽으로 바꿨습니다.

35 うまい 잘하다, 맛있다
① 그는 잘하는 가정에서 태어났습니다.
② 그녀는 피아노를 잘 친다.
③ 그것은 흥미 잘하는 화제이다.
④ 피는 물보다 잘하다.

문제 1 _____의 단어 읽는 법으로 가장 적당한 것을 1·2·3·4에서 하나 고르세요.

1 이제 곧 3번선으로 오사카행 급행 열차가 들어옵니다.

2 사전에서 모르는 단어의 의미를 찾았습니다.

3 이 건물의 출구는 3개밖에 없습니다.

4 이 노래는 최근 인기를 모으고 있는 곡입니다.

5 사람에 따라 사고 방식이 조금씩 다릅니다.

6 한 번 들은 것은 절대 잊어버리지 않습니다.

7 날씨가 나빠서(좋지 않아서) 그녀는 나가지 않았습니다.

8 갑자기 공연이 시작되어 모두 깜짝 놀랐습니다.

문제 2 _____단어를 한자로 쓸 때 가장 적당한 것을 1·2·3·4에서 하나 고르세요.

9 지금부터 중요한 것은 자신감을 가지고 앞으로 나아가는 것입니다.

10 사람의 마음을 움직이는 일은 매우 어렵습니다.

11 당신은 누군가의 특별한 존재입니다.

12 이 마을의 주된 산업은 자동차 공업입니다.

13 아무리 설명해도 그는 들으려 하지 않습니다.

14 오랜만에 외국에 있는 친구에게 편지를 부쳤습니다.

문제 3 ( )에 들어갈 가장 적당한 것을 1·2·3·4에서 하나 고르세요.

15 주민들의 (반대)로 공장 건설은 중지되었습니다.

16 가을은 독서에 알맞은 (계절)이다.

17 (난방)을 켜 놓은 채 외출해 버렸다.

18 그녀의 (부드러운) 손을 잊을 수가 없습니다.

19 올해 공무원 시험에 (응시 할) 생각입니다.

20 아이가 (에스컬레이터)에서 놀지 않도록 주의해주세요

21 아버지의 병이 호전되기를 신에게 (기도)했습니다.

22 그녀는 검은 (샌들)을 신고 있습니다.

23 펜 (또는) 연필로 쓰는 것이 규칙입니다.

24 중국과의 (무역)이 재개되었습니다.

25 (선물)로 쿠키를 가지고 선생님 댁에 갔습니다.

문제 4 ＿＿＿의 의미가 가장 가까운 것을 1 · 2 · 3 · 4에서 하나 고르세요.

26 이 길은 밤에 위험합니다.

27 그는 갑자기 회사를 그만두었습니다.

28 모두가 생각하면 좋은 아이디어가 떠오를지도 모릅니다.

29 이 아이는 아버지를 빼닮았다.

30 남편의 가장 좋은 점은 자상한 성격입니다.

문제 5 다음 단어의 사용법으로 가장 적당한 것을 1 · 2 · 3 · 4에서 하나 고르세요.

31 じゅんび (準備) 준비
① 자기 전에 여행 갈 준비를 했습니다.
② 텔레비전 고장 준비는 아직입니다.
③ 학생은 매일 한자 준비를 합니다.
④ 공원 안을 개와 준비합니다.

32 熱心 열심(히)
① 피곤해서 열심히 잤습니다.
② 병이 열심히 좋아졌습니다.
③ 친구는 열심히 시험 공부를 했습니다.

④ 이 스프는 열심입니다.

33 拾う 줍다
① 이 의자는 필요없으니까 주워 주세요.
② 길에서 지갑을 주웠습니다.
③ 방을 주으면 좀 더 넓어집니다.
④ 가방을 주워서 집을 나왔습니다.

34 返事 답장, 대답, 답
① 전화 대답이 안들립니다.
② 이 문제의 올바른 답장을 고르세요.
③ 이름을 호명하면 대답 하세요.
④ 부모님의 기대에 답장하지 못했다.

35 たくさん 많음, 많이
① 많이 더 어떠십니까?
② 많은 사람이 모여 있습니다.
③ 커피의 많이는 무료입니다.
④ 어제 많이 소풍을 갔습니다.

PART 1 실전 모의테스트 3회

문제 1 ＿＿＿의 단어 읽는 법으로 가장 적당한 것을 1 · 2 · 3 · 4에서 하나 고르세요.

1 창(문)을 열고 잤더니 감기에 걸려버렸습니다.

2 처음 만든 것인데 맛은 어떻습니까?

3 오늘부터 술을 당분간 마시지 말라고 의사에게 주의를 들었습니다.

4 전부터 가고 싶었던 세계 여행을 가기로 했습니다.

5 빨간 자동차가 집 앞에 서 있습니다.

6 매일 아침 가는 가게의 점원은 매우 친절합니다.

7 여동생은 <u>사진</u>을 찍는 것을 싫어합니다.

8 항상 성실한 그니까 오늘도 <u>제 시간에</u> 올 것입니다.

문제 2 _____단어를 한자로 쓸 때 가장 적당한 것을 1 · 2 · 3 · 4에서 하나 고르세요.

9 경찰관이 <u>제복</u>을 입고 서 있습니다.

10 그의 <u>낮은</u> 목소리는 매우 매력적입니다.

11 회장(모임) <u>장소</u> 문의가 많아서 바쁩니다.

12 <u>사회</u>에 도움이 되는 사람이 되고 싶습니다.

13 이번 달에는 자동차가 20<u>대</u> 팔렸습니다.

14 졸업식은 새로 생긴 회관에서 <u>거행</u>됩니다.

문제 3 (   )에 들어갈 가장 적당한 것을 1 · 2 · 3 · 4에서 하나 고르세요.

15 이 마을에는 서점이 (두 채) 있습니다.

16 아이에게는 하루에 1시간만 (게임)을 하는 것을 허용하고 있습니다.

17 (깊이)를 알 수 없기 때문에 바다는 두렵습니다.

18 야마다 선생님이 돌아오시는 것은 (아마) 내일일 것입니다.

19 남편은 출장을 갈 때마다 꼭 아이의 (장난감)을 사 옵니다.

20 앞으로 양국의 (관계)는 점점 좋아질 것 같습니다.

21 올해 겨울 추위는 (매섭)겠죠.

22 매달 5만엔의 집세를 (지불하고) 있습니다.

23 저희 가게에서는 인스턴트 식품은 (취급하고)있지 않습니다.

24 좌석(안내)는 저에게 맡겨 주세요.

25 미국 여배우가 (비)공식적으로 방문했습니다.

문제 4 _____의 의미가 가장 가까운 것을 1 · 2 · 3 · 4에서 하나 고르세요.

26 그의 노래는 <u>훌륭</u>했다.

27 주유소에서 차에 <u>기름</u>을 넣었다 .

28 야마구치 씨는 <u>일년내내</u> 일로 바쁘다고 한다.

29 그는 재산을 <u>전부</u> 잃었다.

30 먼저 <u>견본(샘플)</u>을 보고 나서 어떤 것을 고를지 정합시다.

문제 5 다음 단어의 사용법으로 가장 적당한 것을 1 · 2 · 3 · 4에서 하나 고르세요.

31 複雑(だ) 복잡(하다)

① 그들의 관계는 상당히 복잡하다.

② 도로가 복잡하기 때문에 조금 늦을 것 같습니다.

③ 무언가를 가르치는 것은 복잡합니다.

④ 몸을 복잡하게 하는 것이 무엇보다 중요합니다.

32 沸かす (액체를) 끓이다, 데우다

① 다나카 씨는 샤워를 끓이고 있습니다.

② 이것은 잘 끓인 빵입니다.

③ 물을 끓여서 차를 탔습니다.

④ 추워서 히터를 데웠습니다.

33 プレゼント 선물

① 내 질문에 분명한 선물을 하지 않았다.

② 결혼하는 언니에게 선물을 하고 싶습니다.

③ 회의에서 신제품의 선물을 해야(만) 한다.

④ 매일 선물에 쫓기고 있습니다.

34 発明 발명

① 1492년 콜롬버스가 신대륙을 발명했습니다.

② 교실이 어두워서 전기를 발명했습니다.

③ 이 전구는 에디슨이 발명한 것입니다.

④ 경찰은 현장에서 범인을 발명했습니다.

35 まずしい(貧しい) 가난하다

① 저 사람의 수 세는 방법이 가난하다.

② 가난한 농가에 태어나 어린 시절에 부모를 잃었습니다.

③ 무단 결근 같은 걸 하다니, 가난해.

④ 친구는 심한 감기로 무엇을 먹어도 가난하다고 한다.

PART 2 실전 모의테스트 4회

문제 1 _____의 단어 읽는 법으로 가장 적당한 것을 1 · 2 · 3 · 4에서 하나 고르세요.

1 어제 저녁 식사로 위의 상태가 나빠졌다.

2 신제품은 다음 주 토요일에 발매됩니다.

3 일본에 가시면 꼭 온천에 가보세요.

4 저 가게에는 연예인이 많이 온다고 한다.

5 이 그래프가 나타내는 것은 무엇입니까?

6 성능이 좋은 카메라를 가지고 있군요.

7 나는 멀리서 그의 등을 보고 바라보고 있었습니다.

8 내일부터 3명의 신입사원을 맞이하게 되었습니다.

문제 2 _____단어를 한자로 쓸 때 가장 적당한 것을 1 · 2 · 3 · 4에서 하나 고르세요.

9 그는 매일 조깅을 일과로 삼고 있습니다.

10 우리 주위에는 먹을 수 있는 풀이 많이 있다.

11 어제 버스 사고로 5명이 사망했습니다.

12 뼈가 부러져서 입원해 있습니다.

13 버스를 내릴 때, 지갑을 잊어버린 것을 알아차렸습니다.

14 시합에 져서 눈물을 흘렸다.

문제 3 (   )에 들어갈 가장 적당한 것을 1 · 2 · 3 · 4에서 하나 고르세요.

15 나는 연한 색보다 (진한) 색을 더 좋아합니다.

16 저 슈퍼마켓은 밤 늦게까지 (영업)을 하기 때문에 편리합니다.

17 경찰이 교차로에서 (차량 통행) 규제를 하고 있습니다.

18 일손이 모자라서 아르바이트를 (고용)했습니다.

19 과학 기술의 (진보)에 따라 지금까지 불가능했던 일이 가능하게 되었습니다.

20 태풍의 영향으로 오키나와는 상당한 (피해)를 입었다고 합니다.

21 다나카 씨는 (유쾌한) 사람이다. 재미있는 말을 해 자주 주변사람을 웃게 만든다.

22 새로운 생활에 (익숙해)지면서 행동 범위도 넓어졌습니다.

23 올해는 작년과 비교해 수험생의 (수준)이 올라갔다고 한다.

24 세금을 (납부하는) 것은 국민의 의무이다.

25 서로 잘 이야기해서 합리(적)인 해결방법을 찾아봅시다.

문제 4 _____의 의미가 가장 가까운 것을 1 · 2 · 3 · 4에서 하나 고르세요.

26 분명 이제 곧 바다가 보일 것이다.

27 아마도 그런 사건은 두 번 다시 일어나지 않을 것이다.

28 가끔 놀러 와 주세요.

29 병이 난 것을 계기로 술도 담배도 끊었습니다.

30 관광객은 느릿느릿 버스로 돌아왔다.

문제 5 다음 단어의 사용법으로 가장 적당한 것을 1·2·3·4에서 하나 고르세요.

31 作法 예의 범절, 예절

① 다도를 통해 일본의 예의 범절을 배웠다.

② 기무라 씨는 새 핸드폰 예절을 몰라서 고생하고 있다.

③ 다음 번에 스키야키 예절을 알려 주세요.

④ 신주쿠역까지 가는 예절을 물었다.

32 楽だ 편(안)하다

① 공원에서 아이들과 편한듯이 놀고 있다.

② 모르는 것이 있으면 편하게 질문해 주세요.

③ 새 컴퓨터를 구매하고 상당히 일이 편해졌다.

④ 오늘은 편한 파티에 초대해 주셔서 감사했습니다.

33 それとも 그렇지 않으면

① 이쪽에 볼펜, 그렇지 않으면 연필로 기입해 주세요.

② 여기에 주소, 이름, 그렇지 않으면 전화번호를 기입해 주세요.

③ 현금으로 내시겠습니까? 그렇지 않으면 카드로 하시겠습니까?

④ 일본어 그렇지 않으면 영어로 사인해 주세요.

34 ユーモア 유머

① 이 작품은 유명한 소설의 유머예요.

② 매우 유머 좋은 가방이네.

③ 너의 이야기에는 유머가 있어서 재미있어.

④ 소년은 항상 유머로 장난만 치고 있다.

35 支配する 지배하다

① 선생님은 학생들에게 프린트를 지배했다.

② 그들은 먼저 가족끼리 지배하며 행복하게 생활하고 있다.

③ 요전에 우주인이 지구를 지배하는 영화를 봤다.

④ 사다리가 넘어지지 않도록 지배해 주세요.

PART 2 실전 모의테스트 5회

문제 1 _____의 단어 읽는 법으로 가장 적당한 것을 1·2·3·4에서 하나 고르세요.

1 그는 체격은 크지만 의외로 겁쟁이다.

2 손가락을 이용해서 10까지 셀 수 있게 되었습니다.

3 지금 말했던 것을 전부 진짜라고 가정해 보자.

4 결점이 없는 인간은 없을 것입니다.

5 결정된 것이니까 제대로 지켜 주세요.

6 버스비 절약을 위해 집까지 걸어갑니다.

7 아버지는 동물원에서 일하십니다.

8 물가는 오르고 있는데 월급은 전혀 변화가 없다.

문제 2 _____단어를 한자로 쓸 때 가장 적당한 것을 1·2·3·4에서 하나 고르세요.

9 2개 대학에서 공동 실험을 하고 있습니다.

10 ATM기에서 3만엔을 인출했다.

11 내일부터 점차 기온이 낮아질 것입니다.

12 다나카 씨는 5권의 책을 동시에 읽을 수 있대.

13 어머니로부터 온 소포에는 제철 채소가 가득 차 있었다.

14 빌렸던 책을 반납해 둬 주세요.

문제 3 (   )에 들어갈 가장 적당한 것을 1·2·3·4에서 하나 고르세요.

15 반찬을 만든 후 밥을 (지었다).

16 그 문제에 대해서 (자세히) 설명해 주세요.

17 한자를 읽는 것은 문제없지만 쓰는 것은 (잘 못한다.)

18 너무 추워서 손발의 (감각)이 없어졌다.

19 저 사람의 재능을 처음으로 (발견)한 것은 선생님이었습니다.

20 일본은 세계 (평화)를 위해 여러 가지 활동을 하고 있다.

21 A : 어제 부탁했던 책, 가지고 왔어?
B : 미안, (깜빡)했어.

22 스즈키 씨는 입이 (무거워서) 비밀을 얘기해도 괜찮습니다.

23 외출은 자유이다. (다만) 10시까지는 귀가해야 한다.

24 이번 마라톤은 이쪽 경기장에서 (출발)하게 되었습니다.

25 생활(비)는 부모님이 대주고 있습니다.

문제 4 _____의 의미가 가장 가까운 것을 1·2·3·4에서 하나 고르세요.

26 하루 종일 걸어서 <u>피곤하다</u>.

27 <u>교과서</u> 123페이지를 펴 주세요.

28 그 여배우는 버라이어티 프로그램에 <u>가끔</u> 출연한다.

29 분명 그녀는 그 선물을 <u>마음에 들어</u> 할 것이다.

30 그는 어떤 문제가 발생해도 언제나 <u>침착하다</u>.

문제 5 다음 단어의 사용법으로 가장 적당한 것을 1·2·3·4에서 하나 고르세요.

31 差別 차별
① 부모님은 자녀에게 선악의 차별에 대해서 가르쳐야 한다.
② 내가 사는 지역은 쓰레기 차별이 세세하다.
③ 어떤 기업은 학력에 따라 차별이 있는 것 같다.
④ 3개의 그룹으로 차별해서 작업을 했다.

32 はかる (무게를) 달다. (길이를) 재다
① 귤 개수를 달아 봤더니 10개였다.
② 재료(무게)를 제대로 재서 요리를 만들었습니다.
③ 이 일은 30분 정도면 끝날 것이라고 재고 있습니다.
④ 지난 달 급료를 달아봤다.

33 分解 분해
① 케이크를 만들기 위해 달걀은 분해했다.
② 2개 팀으로 분해해서 시합을 했다.
③ 그는 작동되지 않았던 시계를 분해했다.
④ 여기서부터는 길이 세 갈래로 분해되어 있다.

34 たとえ 비록, 설령
① 설령 70점 이상이라면 자격을 얻을 수 있다.
② 설령 바쁜 이 시기에 감기에 걸릴 여유가 없다.
③ 비록(설령) 폭풍이 오더라도 그녀에게로 갈 생각이다.
④ 설령 7시가 되어도 메일이 없으면 전화를 주세요.

35 正直だ 정직하다, 솔직하다
① 이 길을 따라 정직하게 가면 역이 있습니다.
② 나의 솔직한 기분(마음)을 편지에 썼다.
③ 그는 매일 학교에 오는 정직한 학생이다.
④ 이 문제의 정직한 답을 모르겠다.

PART 2 실전 모의테스트 6회

문제 1 _____의 단어 읽는 법으로 가장 적당한 것을 1·2·3·4에서 하나 고르세요.

1 그 <u>위치</u>에서라면 아무 것도 안보이겠죠?

2 <u>창(문)</u>을 열었더니 비가 내리고 있었다.

3 <u>귀가</u>했을 때는 이미 12시가 지나 있었다.

4 정부의 방침이 정해져, 발표되었다.

5 사건은 곧 해결될 것이다.

6 우리 할아버지는 90세이셔도 건강하십니다.

7 당신에게 있어서 이 일은 분명 얻는 바가 많을 것입니다.

8 감기에 걸려서인지 한기가 든다.

문제 2 _____단어를 한자로 쓸 때 가장 적당한 것을 1 · 2 · 3 · 4에서 하나 고르세요.

9 황금색의 밀이 바람에 흩날린다.

10 전화로 응대해 주신 분은 누구십니까?

11 더 이상 언니와 나를 비교하지 말아 주었으면 한다.

12 내일 세미나에는 꼭 참가해 주셨으면 합니다.

13 이 공식을 이용해서 답하세요.

14 매일 더운 날씨 탓에 식욕이 떨어져서 힘들다.

문제 3 ( )에 들어갈 가장 적당한 것을 1 · 2 · 3 · 4에서 하나 고르세요.

15 여행에 데려갈 수 없어서 친구에게 애완동물을 (맡겼다).

16 마을에서도 이 주변은 (집세)가 비싸다.

17 주민들의 (노력)으로 이 마을의 범죄와 사건들이 줄어들었다.

18 여기 있는 상품들은 (전부) 1000엔입니다.

19 저 그림은 다른 그림과는 (비교)할 수 없을 만큼 아름다웠다.

20 달걀과 우유를 사용해서 달콤한 (과자)를 만들었습니다.

21 공항에서 원을 달러로 (환전)했다.

22 자동차 엔진에 (이상)이 있다는 보고가 있었다.

23 우주를 향해 로켓이 (발사)되었다.

24 국민 평균 (수명)은 10년 연속 증가하고 있다.

25 우리 아이는 쌍둥이지만 성격은 (정)반대입니다.

문제 4 _____의 의미가 가장 가까운 것을 1 · 2 · 3 · 4에서 하나 고르세요.

26 그의 무례한 태도는 용서할 수 없다.

27 위태로운 상황에서 구조되었다.

28 여기저기 찾아봤지만 모두 매진이었다.

29 일을 빨리 끝내고 놀러 가자.

30 그에 대한 것은 아무 것도 기억하고 있지 않습니다.

문제 5 다음 단어의 사용법으로 가장 적당한 것을 1 · 2 · 3 · 4에서 하나 고르세요.

31 不安だ 불안하다
① 여진이 계속되는 가운데, 사람들은 불안한 하룻밤을 보냈다.
② 육아를 혼자 하는 것에 대해 불안하는 어머니가 많다.
③ 대학에 합격할지 못할지 불안하게 나날을 보냈다.
④ 요즘 휴대전화가 없으면 불안을 하는 사람이 늘고 있다.

32 せめて 하다못해, 적어도
① 적어도 일요일 만큼은 푹 잘 수 있게 해 줘요.
② 낮잠을 잔다고 해도 적어도 30분 정도이다.
③ 적어도 분발해도 이 정도 급료밖에 받을 수 없다.
④ 그가 할 수 있는 요리는 적어도 인스턴트 라면 정도일 것이다.

33 節約 절약
① 그녀는 다이어트를 위해서 식사를 절약했다.

② 좋아하는 음식은 마지막까지 절약해 놓는 편이다.

③ 월급날 전이라서 가능한 한 절약해야 한다.

④ 일본어에는 리모컨 등과 같은 절약한 단어가 많다.

34 どっと 우르르(사람이나 사물이 일시에 밀어닥치는 모양)

① 다음으로 면을 우르르 데쳐 주세요.

② 염가 상품에 사람들이 우르르 몰려들었다.

③ 우리 부장님은 우르르하기 쉬운 타입이다.

④ 문화제도 무사하게 끝나게 되어 우르르했습니다.

35 なるべく 가능한 한, 가급적

① 내일 가급적 빨리 와 주세요.

② 가급적 생활이 편해졌다.

③ 가급적 일에 대비해서 돈을 모으고 있다.

④ 가급적 내일 야구 결승전이 열린다.

PART 2 실전 모의테스트 7회

문제 1 _____의 단어 읽는 법으로 가장 적당한 것을 1·2·3·4에서 하나 고르세요.

1 최근 몇 년동안 기업의 해외 이전이 증가하고 있다.

2 파란 하늘에 하얀 구름, 정말이지 오늘은 날씨가 매우 좋다.

3 가끔은 휴식을 취하는 것도 나쁘지 않다.

4 직원 할인으로 저렴하게 살 수 있습니다.

5 매일 아침 조깅하는 것을 습관화 하고 있습니다.

6 단체로 행동하는 것이 서투릅니다.

7 그럼, 야마다 씨에게도 전해 줘.

8 어떤 일이든지 예외라는 것은 있다.

문제 2 _____단어를 한자로 쓸 때 가장 적당한 것을 1·2·3·4에서 하나 고르세요.

9 이번 달 집세를 냈더니 이제 돈이 없어.

10 우주를 여행할 수 있게 되는 날도 멀지 않을 것이다.

11 이쪽에 앉아서 기다려 주십시오.

12 올바른 호흡 방법을 기억해놓는 편이 좋아요.

13 조건으로 사람을 (결)정하는 것은 좋지 않다.

14 그 사람의 웃음 소리를 들으면 기뻐진다.

문제 3 ( )에 들어갈 가장 적당한 것을 1·2·3·4에서 하나 고르세요.

15 방 벽에 페인트를 (칠해) 주세요.

16 이 식품은 (칼로리)가 낮다.

17 그는 (항상) 주머니에 손을 넣고 걸어다닌다.

18 접수처의 고객응대는 회사 (평가)에 영향을 준다.

19 친구에게서 (도착한) 소포를 열어봤습니다.

20 할머니는 몸이 약해지고 나서부터 (대부분)의 시간을 집 안에서 보내고 있습니다.

21 이번 시험은 (자신)이 있습니다.

22 해일(쓰나미) 때문에 몇 천 명이나 되는 사람이 집을 (잃었다).

23 시험을 시작하겠으니 사전은 가방 안에 (넣어) 주세요.

24 그녀는 눈에 띄는 것을 싫어해서 항상 (수수한) 옷을 입는다.

25 자동차가 (전)속력으로 지나갔다.

문제 4 ＿＿＿의 의미가 가장 가까운 것을 1·2·3·4에서 하나 고르세요.

26 정부는 국민을 위해 모든 수단을 취했다.

27 요즘 젊은이들 사이에 가죽 코트가 유행하고 있다.

28 일부러 찾아와주신 손님여러분들께 정말로 죄송한 일을 했다.

29 이번 리포트는 정말로 심하다(힘들다)고 생각합니다.

30 설령 가난하더라도 부모와 자식이 같이 살 수 있는 것이 제일이다.

문제 5 다음 단어의 사용법으로 가장 적당한 것을 1·2·3·4에서 하나 고르세요.

31 だらけ ~투성이
① 그 리포트는 오자 투성이었다.
② 그 리포트는 한자가 어려울 투성이이다.
③ 그 리포트는 글자가 성가실 투성이었다.
④ 그 리포트는 한자가 헷갈릴 투성이었다.

32 あきらかだ(明らかだ) 명백하다
① 친절하다고 생각했더니 명백히 불친절했다.
② 안경을 쓰자 경치가 명백히 보였다.
③ 조사 과정에서 사실이 명백해졌다.
④ 선생님 목소리가 명백히 들렸다.

33 ドライブ 드라이브
① 배를 드라이브하기 위해 면허증을 땄다.
② (시간이) 늦어졌기 때문에 그녀를 집까지 드라이브했다.
③ 날씨가 좋아서 해안선을 따라 드라이브 하기로 했다.
④ 언젠가 전철을 드라이브해 보고 싶다.

34 感心 감탄
① 스즈키 씨의 이야기에 항상 감탄하게 된다.
② 새 사업에 많은 사람이 감탄을 나타냈다.
③ 영화 마지막 장면에서 감탄을 받았다.
④ 멋진 시설에 모두가 감탄 되었다.

35 実に 실로, 참으로
① 실로 읽어 봤지만 다른 소설과는 조금 달랐다.
② 이 이야기는 표현이 풍부해서 참으로 재미있다.
③ 이 이야기는 실로 내가 쓴 것이다.
④ 실로 말하면, 소설을 쓴 것은 처음이다.

PART 2   실전 모의테스트 8회

문제 1 ＿＿＿의 단어 읽는 법으로 가장 적당한 것을 1·2·3·4에서 하나 고르세요.

1 그는 정면에서 보면 그리 멋지지 않다.

2 어젯밤부터 내린 폭우로 과거 최고의 강우량을 기록했다.

3 좌우를 잘 보고 길을 건너 주세요.

4 공항까지는 택시로 30분 정도 걸립니다.

5 짐이 무거워서 더 이상 걸을 수가 없다.

6 등산할 때는 준비를 빈틈없이 합시다.

7 논문 때문에 여러 가지 조사를 하고 있습니다.

8 나는 바닷가 근처에서 자랐습니다.

문제 2 ＿＿＿단어를 한자로 쓸 때 가장 적당한 것을 1·2·3·4에서 하나 고르세요.

9 지금까지 IQ검사를 받은 적이 있습니까?

10 5분 이내에 전부 먹을 수 있으면 공짜입니다.

11 이대로 즐거운 나날이 계속된다면 좋겠네.

12 지금껏 본적이 없는 거대한 개다.

13 사소한 것을 말하지 않는(잔소리 하지 않는) 사람을 좋아한다.

14 성공하기 위해서라면 수단이 무엇이든 상관없다.

문제 3 ( )에 들어갈 가장 적당한 것을 1 · 2 · 3 · 4에서 하나 고르세요.

15 소금이 (다 떨어졌)으니까 사다 주세요.

16 기계를 사용한 (작업)은 위험하기 때문에 조심하십시오.

17 노력이 (결실을 맺어) 희망하는 대학에 합격할 수 있었습니다.

18 이 마을의 (주된)산업은 어업이다.

19 약의 (부)작용으로 고생하고 있다.

20 집안 (사정)으로 시골로 이사했습니다.

21 복장만으로는 남녀 (구별)이 되지 않는다.

22 (친한) 친구와 헤어지는 것은 괴롭다.

23 거리에서 옛 애인과 (딱) 마주쳤다.

24 '모모타로'라는 이야기는 누구나 알고 있는 (이야기)입니다.

25 내 취미는 텔레비전 (드라마)를 보는 것입니다.

문제 4 _____의 의미가 가장 가까운 것을 1 · 2 · 3 · 4에서 하나 고르세요.

26 혹시 괜찮으시다면 메일 주소도 써 주십시오.

27 일을 계속해서 정말로 지쳤다.

28 작년보다 월급이 3% 올라갔습니다.

29 사고 때 일은 조금은 기억하고 있다.

30 이 게임 방식은 단순하니까 같이 해 봅시다.

문제 5 다음 단어의 사용법으로 가장 적당한 것을 1 · 2 · 3 · 4에서 하나 고르세요.

31 少しも 조금도
① 내일도 바쁘기 때문에 조금도 자는 편이 좋아요.
② 10년만에 만났지만 조금도 변하지 않아서 안심했다.
③ 내일은 주말이라서 조금도 천천히 술을 마실 수 있습니다.
④ 식품은 조금도 비싸더라도 안전하고 좋은 것을 사고 싶다.

32 向かい 맞은편, 건너편
① 최근 맞은편 집에 새 가족이 이사 왔다.
② 산 맞은편으로 해가 저물어 간다.
③ 근처 역까지 친구가 맞은편하러 와 주었다.
④ 이 교과서는 초보자 맞은편으로 쓰여졌다.

33 夢中だ 열중(몰두)하다
① 어제 열중해서 돌아가신 할아버지가 나타나셨다.
② 그녀는 요즘 새로운 게임에 열중해 있다.
③ 그는 말을 걸어도 알아차리지 못할 만큼 일에 몰두(열중)하고 있다.
④ 요즘 장래에 대해서 열중히 생각하고 있다.

34 あるいは 혹은, 또는
① 티켓은 편의점 또는 역 창구에서 사주세요.
② 그녀의 생일에 반지 또는 꽃다발을 선물했다.
③ 이 구두는 가볍고 또는 튼튼하다.
④ 창을 여니 또는 눈이 내리고 있었다.

35 中毒 중독
① 타로우는 공부에 중독했다.
② 가스 중독으로 입원했다.
③ 공원의 조각이 비의 중독으로 색이 변했다.
④ 그는 술에 중독하고 있다.

문제 1 _____의 단어 읽는 법으로 가장 적당한 것을 1 · 2 · 3 · 4에서 하나 고르세요.

1 죄송하지만, 저기 모퉁이를 돌아서 내려 주세요.

2 각국의 의견이 다르기 때문에 회의에서는 조정하기가 힘들다.

3 일은 궁리를 해서 가급적 빨리 끝내도록 해야한다.

4 다도를 배우기 시작했는데, 차 예절은 어렵다.

5 현재 일본 소상은 누구입니까?

6 현대 사회에서 영어는 세계 공통어이다.

7 용기를 내서 그녀에게 고백했다.

8 지금까지 지탱해 준 아내에게 감사하고 싶습니다.

문제 2 _____단어를 한자로 쓸 때 가장 적당한 것을 1 · 2 · 3 · 4에서 하나 고르세요.

9 지구의 미래를 위해 환경 문제에 대해서 생각합시다.

10 다행히도 심한 병이 아니어서 안심했습니다.

11 늦게까지 딸이 돌아오지 않아서 매우 걱정된다.

12 내일은 시험이라서 놀고 있을 때가 아니야.

13 나는 요리하는 것보다 먹는 것을 잘합니다.

14 음식을 남겨서는 안 됩니다.

문제 3 (   )에 들어갈 가장 적당한 것을 1 · 2 · 3 · 4에서 하나 고르세요.

15 다른 사람의 이야기를 제대로 듣지 않는 것이 그의 (단점)입니다.

16 눈을 (감고) 두 사람의 미래를 생각해봤습니다..

17 그는 수영에서 올림픽 대표 (선수)로 뽑혔습니다.

18 아이 방을 만들 경우, 남(향) 으로 하는 편이 좋습니다.

19 스트레스가 (쌓여서) 그녀는 결국 쓰러지고 말았습니다.

20 상사는 그의 능력을 높게 (평가)했다.

21 면접 합격자에게는 전화로 (통지)합니다.

22 벌써 시간이 이렇게 되었군요. 그럼 (슬슬) 실례하겠습니다.

23 이 주변은 교통(량)이 적은 조용한 곳입니다.

24 다나카 씨는 무엇이든 (메모)하는 습관이 있습니다.

25 그 사건 이후 그는 (모습)을 감췄습니다.

문제 4 _____의 의미가 가장 가까운 것을 1 · 2 · 3 · 4에서 하나 고르세요.

26 정말로 무료(공짜)로 밥을 먹을 수 있습니까?

27 그는 자기 멋대로 말하기 때문에 모두가 싫어한다.

28 높은 곳에 가면 숨을 쉬는 것도 괴로워진다.

29 그는 항상 불평만 한다.

30 선생님을 꼭 뵙고 싶습니다.

문제 5 다음 단어의 사용법으로 가장 적당한 것을 1 · 2 · 3 · 4에서 하나 고르세요.

31 苦労 고생

① 어머니는 여태까지 고생만 해 왔다.

② 상대팀이 강해서 시합에서는 고생을 강요당하고 있다.

③ 밤늦게까지 시끄러워서 이웃 사람에게 고생을 말했다.

④ 이 병의 힘든 점은 신체적인 고생만이 아니다.

32 かわいがる 귀여워하다

① 개는 귀여워해서 개집에서 나오려 하지 않는다.

② 이 컵은 싸기 때문에 귀여워해 주세요.

③ 할머니는 나를 매우 귀여워해 주셨다.

④ 오로지 혼자서 여기까지 했다니 정말로 귀여워한다.

33 才能 재능

① 그녀는 화가로서 상당히 재능이 있다.

② 올림픽 재능은 마라톤이다.

③ 아르바이트만으로는 재능 수입은 얻을 수 없다.

④ 이 계획은 실현 재능이라고 생각합니다.

34 どんどん 계속해서

① 그와는 계속해서 사이가 좋아지지 않는다.

② 바로는 무리여도 계속해서 이해할 수 있게 될 것입니다.

③ 나를 기다리지 않고 계속해서 앞으로 걸어갔다.

④ 시험은 완전히 망쳐서 계속의 결과였다.

35 平均 평균

① 그녀는 평균 가정에서 태어났다.

② 그녀는 나이보다 평균하고 있다.

③ 이 반의 평균 연령은 15세입니다.

④ 가장 평균인 것은 건강이다.

PART 3 실전 모의테스트 10회

문제 1 _____의 단어 읽는 법으로 가장 적당한 것을 1 · 2 · 3 · 4에서 하나 고르세요.

1 별을 보는 것만으로 마음이 안정된다.

2 반드시 성공해 보이겠다고 그는 말했다.

3 영원히 계속되는 것 따위 없다고 생각합니다.

4 음악가에게 있어서 악기는 생명이다.

5 과음한 탓인지, 아침부터 왠지 두통이 있다(머리가 아프다.)

6 혈압이 높아서 조심하도록 의사에게 들었다.

7 그 작가의 소설은 모두 훌륭하다.

8 그래프에서 적점이 중요하다.

문제 2 _____단어를 한자로 쓸 때 가장 적당한 것을 1 · 2 · 3 · 4에서 하나 고르세요.

9 입장할 때에는 담당자의 지시를 따라주세요.

10 세계 인구가 60억명에 달한다고 합니다.

11 시험에 떨어지고 나서 힘이 없습니다.

12 이사를 가기 때문에 가구도 새로 사고 싶다.

13 필요 없는 부분은 생략하고 간단히 설명해줘.

14 자기 순서가 올 때까지 여기서 기다려주세요.

문제 3 ( )에 들어갈 가장 적당한 것을 1 · 2 · 3 · 4에서 하나 고르세요.

15 우리 가게에서는 신제품 예약(판매)를 실시하고 있습니다.

16 나는 기차 (여행)을 좋아합니다.

17 모두의 (의견)을 듣고 나서 결론을 냅시다.

18 이번 (작업)은 상당히 시간이 걸릴 것 같습니다.

19 결론은 전문가의 의견을 (참고)하여 정했습니다.

20 먹는 양을 (줄여서) 다이어트를 하고 있습니다.

21 신문에서는 (표제어)가 가장 중요하다.

22 그렇게 많이 남기다니 (아깝다).

23 (제대로) 확인하고 나서 메일로 보내겠습니다.

24 편의점에서 (영수증)을 받는 것을 잊어버렸습니다.

25 하야시 씨는 새로운 일을 (맡기)로 했습니다.

문제 4 _____의 의미가 가장 가까운 것을 1·2·3·4에서 하나 고르세요.

26 연말이라서 가게안은 혼잡하다.

27 이번 시험의 목적은 학력이 높은 아이를 찾는 것이다.

28 화재라도 발생한 것인지 사람들이 많이 모여서 소란스럽다.

29 아무리 친한 친구여도 이 비밀은 절대 말할 수 없다.

30 오늘은 컨디션이 좋지 않은 것 같은데 괜찮아?

문제 5 다음 단어의 사용법으로 가장 적당한 것을 1·2·3·4에서 하나 고르세요.

31 自身 (자기) 자신

① 당신 자신의 일을 생각해 주세요.

② 경제적으로 자신해서 생활하고 있습니다.

③ 자신 개발을 위해 영어를 공부합니다.

④ 자신이 일어나서 집이 쓰러졌다.

32 助ける 구하다

① 불쾌한 일이 있으면 술이라도 마셔 구하고 싶다.

② 목숨을 구해주셔서 감사합니다.

③ 내일 이사를 구해주시지 않겠습니까?

④ 야구 시합은 유감스럽지만 구했습니다.

33 おかしい 이상하다

① 어디 컨디션이라도 안좋은 걸까. 이상하네.

② 아무 것도 할 것이 없어서 이상하다.

③ 오늘 요리는 정말로 이상했어. 고마워.

④ 어제도 오늘도 여느 때와 마찬가지로 이상한 날들이다.

34 突然 갑자기, 돌연

① 어제 먹었던 밥, 갑자기 맛있지 않았어.

② 많은 사람들 가운데 그의 재능은 갑자기 했다.

③ 갑자기 들었기 때문에 이해할 수 없었다.

④ 정면에서 갑자기 해서 부딪혔다.

35 ラッシュ 러시아워, 혼잡

① 연예인에게 카메라의 러시아워가 빛나고 있다.

② 이 주스는 러시아워 과일을 사용하고 있습니다.

③ 매일 아침, 러시아워 시간 때는 매우 붐빈다.

④ 지금부터 러시아워하면 제 시간에 도착할 지도 모른다.

문제 1 _____의 단어 읽는 법으로 가장 적당한 것을 1·2·3·4에서 하나 고르세요.

1 외부로부터 압력이 강해서 실현은 어려울지도 모른다.

2 우리 아버지는 손재주가 좋아서 무엇이든 자신이 만든다.

3 제대로 준비했는데도 실험에 실패하고 말았다.

4 학교 도서관에서 책을 3권 빌렸습니다.

5 저 가게에서 아르바이트를 모집하고 있는 것 같아.

6 케이크가 들어 있던 상자가 매우 예뻤다.

7 테이크 아웃하고 싶으니까 나머지는 싸서 주세요.

8 세세한 곳까지 신경 써서 만들어 주세요.

문제 2 _____단어를 한자로 쓸 때 가장 적당한 것을 1·2·3·4에서 하나 고르세요.

9 태풍이 지나간 뒤라서 파도가 높네요.

10 남아있는 포인트를 사용해서 쇼핑을 했다.

11 따뜻한 음료를 마시고 푹 주무세요.

12 혈액 검사를 받았습니다.

13 당신의 존재가 (나에게) 살아가는 용기였습니다.

14 나는 지병이 있어서 약을 복용하고 있습니다.

문제 3 ( )에 들어갈 가장 적당한 것을 1·2·3·4에서 하나 고르세요.

15 기대하고 있었던 여행이 취소 되어 (실망)했다.

16 처리(비용)을 줄이는 방법을 찾고 있습니다.

17 병은 무엇보다 (본인)의 의지가 중요합니다.

18 리포트는 다음 주 금요일 (마감일)까지 반드시 제출해 주세요.

19 올 겨울에는 스웨터를 (짜려)고 생각하고 있습니다.

20 이것은 그의 (행방)을 찾는 유일한 단서입니다.

21 면접을 볼 때는 (화려)한 복장을 피하는 편이 좋습니다.

22 살이 찐 탓인지, 바지가 (꽉 껴서) 입기 힘듭니다.

23 저런 무(책임)한 사람은 처음이다.

24 아직도 (미)해결 상태인 문제가 많이 있다.

25 이 강은 (수심이 얕아)서 아이가 수영해도 괜찮습니다.

문제 4 _____의 의미가 가장 가까운 것을 1·2·3·4에서 하나 고르세요.

26 와타나베 씨는 매일 열심히 <u>트레이닝</u>을 하고 있습니다.

27 회사에 도착했을 때는 <u>의미</u> 회의가 시작되어 있었습니다.

28 그런 말을 했다면 그가 화를 내는 것도 <u>당연</u>하다.

29 <u>가능한 한</u> 빨리 갈테니까 기다리고 있어 주세요.

30 <u>표시</u>가 되어 있는 곳에 조심하며 걸어주세요.

문제 5 다음 단어의 사용법으로 가장 적당한 것을 1·2·3·4에서 하나 고르세요.

31 未来 미래
① 미래에서는 할 수 없었던 일이 지금은 가능하다.
② 미래 이 눈으로 봤다.
③ 우리는 지구의 미래를 생각하지 않으면 안 된다.
④ 어제부터 하고 있는 일이 간신히 미래로 끝났다.

32 落ち着く 안정되다
① 요즘 불쾌한 일이 있어서 안정되어 있습니다.
② 내 별명은 안정되어 버린 것 같습니다.
③ 시험에 안정되어 버렸다.
④ 그녀와 이야기 하고 있으면 안정됩니다.

33 いつのまにか 어느샌가
① 앞으로도 계속 어느샌가 계속돼 갈거라고 생각하고 있었다.
② 어느샌가 북극에 가서 오로라를 보고 싶다.
③ 자신도 모르는 사이에 어느샌가 좋아하게 되었다.
④ 곤란한 일이 있으면 어느샌가 물어봐.

34 カタログ 카탈로그
① 휴대전화의 새로운 카탈로그는 멋지지만 가격이 비싸다.
② 너도 카탈로그로 일기를 적고 있어?
③ 와, 저 카탈로그는 품질도 디자인도 최고야.
④ 카탈로그에서 확인하고 나서 가게에 가서 실물을 봐야지.

35 ぬるい 미지근하다
① 난방을 가동해서 미지근해 졌다.
② 이 스프는 미지근해 지면 맛이 없다.
③ 목욕(물)이 미지근해 졌다.
④ 밖에는 눈이 내려 미지근한 바람이 불고 있다.

문제 1 ＿＿＿의 단어 읽는 법으로 가장 적당한 것을 1·2·3·4에서 하나 고르세요.

1 내일 미국에서 손님이 오니까 통역을 부탁합니다.

2 기술의 발달로 생활이 편리해졌다.

3 주요 뉴스는 매일 확인하고 있다.

4 일본에서 해외로 수출할 때에는 여러 가지 절차가 필요합니다.

5 아이를 키우는 것은 부모의 역할이다.

6 장시간 컴퓨터를 사용해서 어깨가 아픕니다.

7 복권에 당첨되면 무엇을 할까?

8 방안에서 세탁물을 말리는 것은 좋아하지 않습니다.

문제 2 ＿＿＿단어를 한자로 쓸 때 가장 적당한 것을 1·2·3·4에서 하나 고르세요.

9 벚꽃이 피면 같이 보러 갑시다.

10 칼슘을 섭취해서 뼈를 강하게 합시다.

11 우리 딸은 아이돌 가수에 푹빠질 나이이다.

12 조금씩 추워지면서 겨울의 기운을 느낍니다.

13 위험하니까 선로 안으로 들어가지 말아주세요.(선로 바깥으로 나가지 마세요.)

14 3년 전에 없어진 아이의 행방을 찾고 있습니다.

문제 3 (　　)에 들어갈 가장 적당한 것을 1·2·3·4에서 하나 고르세요.

15 경험의 (유무)에 따라 급여가 다릅니다.

16 새로 오신 사장님에 대한 사원들의 (불만)의 목소리가 커지고 있다.

17 학교에 가는 (도중) 서점에 들러서 잡지를 샀다.

18 컴퓨터를 사용하면 일의 (능률)이 올라간다.

19 맥주는 (차갑게) 마시는 편이 맛있다.

20 환자는 (괴로운)듯이 호흡을 하고 있다.

21 모기에게 물려 (가려워서) 참을 수 없습니다.

22 그녀는 (태연)한 얼굴로 거짓말을 합니다.

23 하루라도 좋으니 온천에 가서 (느긋하게) 지내고 싶다.

24 이 (반)에서 가장 역사를 잘 아는 것은 야마다 씨입니다.

25 전염(병)이 그 지방에서 대유행이라고 한다.

문제 4 ＿＿＿의 의미가 가장 가까운 것을 1·2·3·4에서 하나 고르세요.

26 지난 달부터 버스 요금이 올랐다.

27 사장의 일은 그렇게 간단하지 않아.

28 사회 규칙을 지키지 않는 사람이 너무 많다.

29 이 책은 자네 연구에 플러스가 될거라고 생각해.

30 거의 정리는 다되었지만 아직 끝나지는 않았습니다.

문제 5 다음 단어의 사용법으로 가장 적당한 것을 1·2·3·4에서 하나 고르세요.

31 中身 내용물, 알맹이

① 이 회의의 내용물을 기록해 놓아 주세요.

② 내용물로는 수입이 줄고 있다.

③ 가방 안 내용물을 보여줘.

④ 옷 내용물에 이름이 쓰여져 있다.

32 あびる 뒤집어쓰다. 끼었다.

① 돈을 뒤집어쓰다니 최악이다.

② 말을 뒤집어써줬으면 갔을텐데.

③ 얼굴을 끼얹고 나갈 준비를 하다.

④ 그는 술을 뒤집어쓰듯이 마신다.

33 そろそろ 슬슬

① 슬슬 미래의 일을 생각해야하는 시기이다.

② 아들은 슬슬 어리다고 생각했지만 벌써 중학생이다.

③ 먼데도 슬슬 와주셔서 감사합니다.

④ 슬슬 그에게도 곤란할 법하다.

34 もったいない 아깝다

① 아까운 상황이었지만 져 버렸다.

② 항상 도와줘서 동료에게는 아까운 마음이 가득하다.

③ 이번에는 만날 수 없어서 아깝습니다.

④ 아직 먹을 수 있는데 버리다니 아깝다.

35 メリット 이점, 좋은점

① 입장한 인원을 이점해 주세요.

② 그는 이점을 보면서 설명했습니다.

③ 이 일을 하면 뭔가 이점이 있습니까?

④ '거짓말을 하지 않는 것'이 나의 이점입니다.

PART 3 실전 모의테스트 13회

문제 1 _____의 단어 읽는 법으로 가장 적당한 것을 1 · 2 · 3 · 4에서 하나 고르세요.

1 공포 때문에 얼굴이 새파래졌다.

2 교토에는 매년 많은 관광객이 방문한다.

3 이 지역에는 많은 외국인이 살고 있습니다.

4 다쳐서 간단한 동작도 할 수가 없다.

5 화장품을 살 때에는 성분을 체크합시다.

6 목소리만이라도 들려줬으면 한다.

7 오늘 아침은 기온이 낮아서 매우 춥다.

8 장사에서 가장 중요한 것은 신용이다.

문제 2 _____단어를 한자로 쓸 때 가장 적당한 것을 1 · 2 · 3 · 4에서 하나 고르세요.

9 헤어질 때 다시 만날 것을 약속했다.

10 그 일에 대해서는 제가 잘 알고 있습니다.

11 상대방이 말하는 것을 제대로 듣자.

12 강의는 보통 9시부터 시작됩니다.

13 이 책도 내년에는 발간될 예정입니다.

14 운동 선수들은 식사에 신경을 쓰고 있다.

문제 3 ( )에 들어갈 가장 적당한 것을 1 · 2 · 3 · 4에서 하나 고르세요.

15 사람은 누구나가 교육을 받을 (권리)를 가지고 있다.

16 처음에는 시합의 (규칙)을 몰라서 힘들었습니다.

17 사람이 자라온 (환경)을 무시해서는 안된다.

18 이 마을의 교통(수단)은 버스밖에 없습니다.

19 이 책은 그가 마지막으로 (집필)한 작품입니다.

20 A와 B의 (공통)점은 삼각형이라는 것이다.

21 조건에 따라 (거래) 내용이 바뀔지도 모릅니다.

22 20명 이상에게는 (단체) 할인이 있습니다.

23 상사의 (날카로운) 질문에 또 긴장했다.

24 아내가 기다리고 있어서 (슬슬) 가봐야 해.

25 아버지는 (급한) 성격이라 조그만 일에도 바로 화를 내십니다.

문제 4 _____의 의미가 가장 가까운 것을 1·2·3·4에서 하나 고르세요.

26 어째서 그렇게 된 건지 <u>이유</u>를 설명해 주세요.

27 그것은 <u>매우</u> 곤란한 문제입니다.

28 프로젝트는 사장님의 반대로 인해 <u>취소되었다</u>.

29 그 <u>계획</u>에는 몇 가지 문제점이 있습니다.

30 A형 혈액이 <u>부족하다고</u> 합니다.

문제 5 다음 단어의 사용법으로 가장 적당한 것을 1·2·3·4에서 하나 고르세요.

31 解決 해결
① 이 문제를 해결하면 100만엔을 받을 수 있습니다.
② 아무리 생각해도 해결책은 이것밖에 없다고 생각합니다.
③ 고기는 요리하기 전에 냉장고에서 꺼내 해결해 둔다.
④ 해결을 찍을테니까 모두 포즈를 취해 주세요.

32 スケジュール 스케줄, 일정
① 많은 나라가 관계하는 큰 스케줄이라 실패할 수 없다.
② 요금 스케줄을 바꿨더니 전화비가 저렴해졌다.
③ 그가 하는 말은 스케줄이 크다.
④ 스케줄 관리는 사회인의 기본이라고 부장님이 말씀하셨다.

33 あまる 남다
① 요즘 일본 드라마에 남아 있습니다.
② 입구가 남아 있기 때문에 분명 오늘은 휴일이다.
③ 스스로가 잘못했다고 생각하면 남읍시다.
④ 올해 예산이 남았으니까 책을 삽시다.

34 せっかく 모처럼
① 모처럼의 휴일이니까 느긋하게 책을 읽고 싶다.
② 바쁘신 와중에 모처럼 와 주셔서 감사합니다.
③ 아이는 모처럼 물웅덩이를 걷는 것을 좋아한다.
④ 알고 있으면서 모처럼 모르는 척 한다.

35 ようやく 겨우, 가까스로
① 2년 이상의 시간을 들여서 겨우 완성했습니다.
② 그런 것은 겨우 들어도 바로 이해할 수 없습니다.
③ 당신이 말하는 것은 겨우 그대로입니다.
④ 불안도 있지만 겨우 한 번 해 봐야지.

PART 3 실전 모의테스트 14회

문제 1 _____의 단어 읽는 법으로 가장 적당한 것을 1·2·3·4에서 하나 고르세요.

1 300개 <u>한정</u> 세일이니까 서두르세요.

2 도시락이랑 비옷은 <u>각자</u> 준비해 와 주세요.

3 <u>어쩔 수 없는</u> 일이라는 것을 알면서도 몇 번이고 생각하게 됩니다.

4 태풍이 올지도 모르기 때문에 <u>주의</u>해 주세요.

5 계단에서 떨어졌을 때 <u>골절</u>되어 버렸습니다.

6 올해는 <u>경기</u>가 나빠서 모든 회사들이 고생한 것 같다.

7 그가 말하고 있는 것은 <u>사실</u>과는 다르다.

8 여기에 있는 책은 옆 방으로 <u>옮겨</u> 놔 줘.

문제 2 _____단어를 한자로 쓸 때 가장 적당한 것을 1·2·3·4에서 하나 고르세요.

9 빌렸던 책을 돌려주러 갔다.

10 저 여자는 매우 <u>고상</u>한 말투로 이야기 합니다.

11 일본 역사에 대해서 발표했습니다.

12 지갑을 잊어버리고 나가서 아무 것도 살 수 없었다.

13 그녀의 입장에서 생각하면, 이해하지 못할 것도 없다.

14 자기 자신도 모르는 일이 많다.

문제 3 ( )에 들어갈 가장 적당한 것을 1·2·3·4에서 하나 고르세요.

15 채소뿐 아니라 고기도 먹어서 (영양) 의 밸런스를 맞추는데 신경을 쓰고 있다.

16 (경우)에 따라서는 신제품의 발매일이 늦어지는 일도 있습니다.

17 기계 (조작)을 잘못해 버렸습니다.

18 그 사람은 내가 무언가를 할 때마다 (일일이) 불평을 한다.

19 이 기업은 자금 (부족)으로 도산할 우려가 있다.

20 선생님이 질문했는데 그 누구도 대답하지 않고 (잠자코) 있었다.

21 그녀는 불만이 있는 듯 혼자서 (투덜투덜) 거렸다.

22 매월 아들에게 3000엔의 (용돈)을 주고 있다.

23 이야기에 열중해서 시간이 (지나가는) 것도 잊었습니다.

24 타인 앞에서 (강한) 척하는 사람일수록 실은 약한 사람이다.

25 신제품은 순식간에 (다 팔렸)습니다.

문제 4 _____의 의미가 가장 가까운 것을 1·2·3·4에서 하나 고르세요.

26 그 실험 방법으로는 실패할 것이다.

27 그의 정직한 면이 마음에 들었다.

28 연극 티켓을 받았는데 괜찮다면 같이 보시지 않겠습니까?

29 남김없이 먹어 치워서 이제는 없습니다.

30 불경기로 도산하는 회사도 늘고 있다.

문제 5 다음 단어의 사용법으로 가장 적당한 것을 1·2·3·4에서 하나 고르세요.

31 おとない 얌전하다
① 얌전한 사람이지만 자신의 생각을 가지고 있습니다.
② 아이들이 큰 소리를 내서 매우 얌전하다.
③ 화내고 있는 게 아니라 매우 얌전한 기분이다.
④ 답장이 얌전해져서 죄송합니다.

32 ぴったり 딱 맞음(걸맞음)
① 딱맞는 이야기를 듣고 잘 생각해 봐.
② 여름에는 딱 맞는 음식을 먹고 싶다.
③ 당신에게 딱 맞는 옷을 찾았다.
④ 이것만 읽으면 시험은 딱이다.

33 リサイクル 재활용
① 날씨도 좋고, 재활용하러 가고 싶습니다.
② 이번에 집을 재활용하기로 했습니다.
③ 이제 사용하지 않는 것은 재활용에 내 놓읍시다.
④ 전부 재활용해서 다시 할 수 있으면 좋을텐데.

34 はかる 재다. 달다(길이, 무게, 양)
① 10까지 재고 눈을 떠 봐.
② 딸이 말하는 것을 듣지 않아서 쟀다.
③ 이 공은 어두운 곳에서 잽니다.
④ 열을 재보니 매우 높았다.

35 割合 비율
① 휴일은 비율 요금이 되기 때문에 조심하세요.
② 지금이라면 여기에 있는 전제품이 30% 비율입니다.

③ 학급의 남녀 비율은 같게 하는 편이 좋습니다.

④ 편의점은 편리하지만 좀 비율이다.

문제 1 _____의 단어 읽는 법으로 가장 적당한 것을 1·2·3·4에서 하나 고르세요.

1 올해 연휴에는 본가(고향)로 <u>귀성</u> 가는 사람들이 많을 것이다.

2 목이 마르니까 물 <u>한잔</u> 주세요.

3 <u>벌레</u>라는 글자는 보는 것도 싫다.

4 <u>소속</u>이 끝나면 돌아가도 좋습니다.

5 내가 <u>바라는</u> 것은 세계 평화입니다.

6 멜로디는 아는데 <u>곡명</u>은 아무리 해도 떠오르지 않는다.

7 이런 <u>밤중</u>에 전화를 하다니 무슨 일 있습니까?

8 밤늦게 <u>도착</u>하는 비행기로 돌아갑니다.

문제 2 _____단어를 한자로 쓸 때 가장 적당한 것을 1·2·3·4에서 하나 고르세요.

9 이 일에서 당신의 <u>역할</u>을 이해해 두세요.

10 질문을 받은 <u>건</u>에 대해 답변해 드리겠습니다.

11 맛있는 <u>과자</u>와 따뜻한 차를 마시고 싶습니다.

12 지금까지는 노력해 왔지만 이제는 나도 <u>한계</u>다.

13 자네 덕분에 <u>살았어</u>, 고마워.

14 얼음처럼 차가운 손이네.

15 이 기계는 복잡한 것처럼 보이지만 의외로 (단순)합니다.

16 옷이 (더러워져)서 갈아입고 오겠습니다.

17 이 그림은 보는 (각도)에 따라 인상이 조금씩 달라집니다

18 네 (멋대로) 해라, 나는 상관하지 않을테니까.

19 숙제 때문에 곤충의 하루를 (관찰)하고 있습니다.

20 일이 (겹친)탓에 과로로 입원했다.

21 (만일) 도착하시면 이쪽으로 연락 주세요.

22 (충격)을 받은 나머지 말이 나오지 않았습니다.

23 대표팀 연습은 (비)공개로 진행되었다.

24 여기는 (지정)석이라서 표가 없으면 앉을 수 없습니다.

25 부자가 (반드시) 행복하다고는 단정할 수 없다.

문제 4 _____의 의미가 가장 가까운 것을 1·2·3·4에서 하나 고르세요.

26 장학금 <u>신청</u>은 내일까지입니다.

27 딸이 <u>태어난</u> 날은 잊을 수가 없다.

28 알겠습니다. <u>바로</u> 그쪽으로 가겠습니다.

29 이 <u>용기</u>에는 상품이 전부 들어가지 않을 것 같습니다만.

30 그녀와는 <u>사이가 좋기</u> 때문에 무엇이든 말할 수 있다.

문제 5 다음 단어의 사용법으로 가장 적당한 것을 1·2·3·4에서 하나 고르세요.

31 面接 면접

① 두 사람의 의견은 면접 충돌했다.

② 성적이 좋으면 수험료가 면접됩니다.

③ 면접 만나서 얘기하면 바로 알 텐데.

문제 3 ( )에 들어갈 가장 적당한 것을 1·2·3·4에서 하나 고르세요.

④ 면접에서는 자신을 어필하지 않으면 안된다.

32 はやる 유행하다

① 아, 이거, 지금 유행하는 노래야.

② 일본어를 공부하는 사람이 유행하고 있다.

③ 매일 아침 건강을 위해서 유행하고 있다.

④ 눈 앞에 유행하는 풍경을 보고 있다.

33 そっくりだ 쏙 빼닮다

① 야마다 씨는 어머니와 목소리가 쏙 빼닮았습니다.

② 기대하고 있던 여행이 중지되어 쏙 빼닮았다.

③ 새 안경을 쓰니 쏙 빼닮아 보인다.

④ 쏙 빼닮은 학교에 가기로 하겠습니다.

34 案外 뜻밖(에), 의외(로, 의)

① 할머니는 뜻밖의 가격으로 땅을 샀다.

② 내가 뜻밖에 할 테니까 꼭 놀러 와 주세요.

③ 뜻밖에 가는 것은 처음이라 여권을 만들어야 한다.

④ 간단하다고 생각했는데 의외로 어렵다.

35 オープン 오픈

① 작년보다 조금 급료가 오픈했다.

② 그녀와 만났던 것은 즐거운 오픈이었습니다.

③ 학교 옆에 빵집이 오픈했다.

④ 오픈으로 빵을 구웠더니 좋은 냄새가 났다.

PART 3 실전 모의테스트 16회

문제 1 _____의 단어 읽는 법으로 가장 적당한 것을 1 · 2 · 3 · 4에서 하나 고르세요.

1 가게 앞에 주차하지 말아주세요. 안에 들어갈 수 없지 않습니까?

2 실물을 보고나서 살 지 말지를 결정하겠습니다.

3 서류를 작성, 그리고 정리하는 일이 제 일입니다.

4 달걀 요리라면 만들 수 있습니다.

5 할아버지가 돌아가시고, 나에게 재산이 남겨졌다.

6 내 생일은 10월 20일입니다.

7 우리 집에는 개가 5마리 있습니다.

8 오늘은 결실이 많은 하루였다.

문제 2 _____단어를 한자로 쓸 때 가장 적당한 것을 1 · 2 · 3 · 4에서 하나 고르세요.

9 내일은 약속이 있어서 사정이 좋지 않습니다(시간이 안됩니다).

10 어떠한 상황이든 항상 조심해야 한다.

11 유화를 그리기 위해서는 특별한 물감이 필요합니다.

12 여기서 사진을 찍는 것은 금지되어 있습니다.

13 흐르는 강물을 바라보며 생각했다.

14 인간의 가치는 학력으로는 정해지지 않습니다.

문제 3 (   )에 들어갈 가장 적당한 것을 1 · 2 · 3 · 4에서 하나 고르세요.

15 물건을 직접 만지는 것은 (상당)히 위험한 일이다.

16 오늘은 많이 걸어서 다리가 (아프다).

17 그녀가 나오는 것을 (잠시) 기다렸습니다.

18 밖의 눈이 (녹는) 것을 가만히 보고 있었다.

19 모두의 예상과는 반대로 A팀이 (우승)했다.

20 가족을 (대표)해서 한 말씀 드리겠습니다.

21 (감사)의 마음을 담아서 이 노래를 부르겠습니다.

22 경찰은 도둑을 (붙잡았다).

[23] 아무리 (사과해도) 그녀는 용서해 주지 않습니다.

[24] 이 (텔레비전)은 화면이 커서 보기 편합니다.

[25] 악천후 때문에 F1 예선을 (연기)하기로 결정했다.

문제 4 ____의 의미가 가장 가까운 것을 1·2·3·4에서 하나 고르세요.

[26] 전혀 상상 하지 못했던 일이었습니다.

[27] 죄송합니다. 여기에 손님의 사인을 부탁합니다.

[28] 스케줄을 맞춰서 같이 준비합시다.

[29] 1시간에 거기까지 가는 것은 아무리 생각해도 무리다.

[30] 미안, 내일 회식 건, 취소해도 돼?

문제 5 다음 단어의 사용법으로 가장 적당한 것을 1·2·3·4에서 하나 고르세요.

[31] りっぱだ 멋지다, 훌륭하다
① 아까부터 여자가 멋지게 울고 있다.
② 저 사람의 멋진척하는 태도가 매우 싫다.
③ 그는 멋지니까 바로 이해할 수 있을 겁니다.
④ 이런 멋진 집에 살다니 부럽다.

[32] たとえ 비록, 설령
① 비록 4월이 되었는데도 추위는 매섭다.
② 비록 부모님이 결혼을 반대할 거라면 포기하겠습니다.
③ 비록 해고가 될지라도 사실을 말할 작정입니다.
④ 비록 당신이 야마다 씨입니까?

[33] はっきり 분명히, 명확히
① 말하고 싶은 것을 전부 말해서 기분이 분명해 했다.
② 오늘은 집에 돌아가서 분명히 쉬세요.
③ 그 때 일은 지금도 분명히 떠오른다.
④ 너무 맛있어서 무심결에 분명하게 웃어버렸다.

[34] こまる 곤란하다
① 곤란한 때에는 그 사람에게 물어보면 되요.
② 많이 걸어서 다리가 곤란하다.
③ 오랜 동안 곤란한 나날을 보내 왔다.
④ 이번에 유학이 곤란했습니다.

[35] コンテスト 콘테스트
① 오늘 수업의 콘테스트를 잃어버렸는데 빌려 줄래?
② 남동생은 감정을 콘테스트 할 수 없어서 걱정이다.
③ 지금 만들고 있는 것은 콘테스트에 낼 작품입니다.
④ 내 콘테스트, 요즘 상태가 안 좋습니다.

PART 3 실전 모의테스트 17회

문제 1 ____의 단어 읽는 법으로 가장 적당한 것을 1·2·3·4에서 하나 고르세요.

[1] 신호를 하면 이야기를 시작해 주세요.

[2] 올림픽에 출전할 수 있다니, 꿈만 같습니다.

[3] 대학 합격을 축하해 줘야만 해.

[4] 이 실험을 하도록 선생님께서 저에게 명하셨습니다.

[5] 아무리 바빠도 전화는 해 주었으면 한다.

[6] 텔레비전 화면에 아무 것도 나오지 않는다.

[7] 쉬는 시간에는 교정에 나와 친구와 놉시다.

[8] 나는 10년간 수영을 배우고 있습니다.

문제 2 ____단어를 한자로 쓸 때 가장 적당한 것을 1·2·3·4에서 하나 고르세요.

[9] 기내에 액체를 소지하는 것은 금지되어 있습니다.

10 형과는 <u>예전</u>부터 사이가 나빴다.

11 그는 언제나 <u>빈정대기</u>만 한다.

12 입학식 전까지 <u>교복</u>을 세탁소에 맡겨 놓는다.

13 <u>풀리지 않는</u> 문제가 많았기 때문에 아마 불합격할 것이다.

14 <u>지시</u> 받은 그대로 했는데 혼났다.

문제 3 (   )에 들어갈 가장 적당한 것을 1·2·3·4에 서 하나 고르세요.

15 이쪽에 있는 게임은 모두 (유료)입니다.

16 아르바이트를 (모집)하고 있는데, 아무도 오질 않는다.

17 (소수)의 의견이라도 존중하는 태도가 필요하다.

18 저 두 사람은 얼굴도 행동도 꼭 닮아서 (마치) 형제 같다.

19 저 두 사람은 갓 이혼한 (부부)입니다.

20 감기약의 (효과)가 나타나서 열이 내렸습니다.

21 부모님과 의견이 (대립)되어 이야기가 진행이 안된다.

22 길에서 미용실 전단지를 (나눠주고 있습니다).

23 목욕을 하려는데 전화벨이 (울렸다).

24 상사의 (무리)한 부탁을 거절했습니다.

25 식사 후 (디저트)로 케이크를 주문했습니다.

문제 4 _____의 의미가 가장 가까운 것을 1·2·3·4에 서 하나 고르세요.

26 선생님께 <u>배웠던</u> 것을 잊지 않고 한다면 괜찮다.

27 자기 전에 내일 <u>준비</u>를 해 놓는다.

28 이 짐의 무게는 <u>약</u> 5kg이다.

29 어딘가 아랍어 <u>잘하</u>는 사람이 없을까?

30 제품의 안전성에 대한 <u>테스트</u>는 이미 했습니까?

문제 5 다음 단어의 사용법으로 가장 적당한 것을 1·2·3·4에서 하나 고르세요.

31 うっかり 깜빡, 그만
   ① 무서운 꿈을 꾸고 깜빡 눈이 떠졌다.
   ② 이제부터는 조용하게 깜빡 살아가고 싶다.
   ③ 깜빡하고 그에게 연락해 두는 것을 잊었다.
   ④ 눈이 내리고 있으니까 주의해서 깜빡 운전해.

32 工夫 궁리, 고안, 아이디어
   ① 근처에서 궁리를 하고 있어서 매우 시끄럽다.
   ② 이 주택은 최신 궁리로 세워졌다.
   ③ 스스로 궁리해서 일을 해 보세요.
   ④ 이 스키장은 궁리의 눈을 사용하고 있습니다.

33 器用だ 솜씨(재주)가 있다
   ① 그는 솜씨가 있다면 피아노든 무엇이든 연주할 수 있다.
   ② 솜씨가 생겨서 먼저 실례하겠습니다.
   ③ 이것도 네가 만들었니? 정말로 손재주가 있구나.
   ④ 화장품 솜씨의 디자인은 예쁜 것이 많다.

34 キャンセル 취소
   ① 자동차 엔진에 취소가 발생한 것 같다.
   ② 기분을 취소하고 내일부터 다시 시작이다.
   ③ 예정이 바뀌어서 비행기 티켓을 취소했다.
   ④ 폭설 때문에 전철도 버스도 취소하고 있습니다.

35 やぶる (약속을) 깨다, 어기다, 찢다
   ① 나이프로 손을 어겨 버렸다.
   ② 이름을 썼던 스티커를 책상에 찢었습니다.
   ③ 새로 산 모자를 찢고 외출하자.
   ④ 한 번 했던 약속을 깨는 것은 좋지 않다고 생각한다.

문제 1 _____의 단어 읽는 법으로 가장 적당한 것을 1 · 2 · 3 · 4에서 하나 고르세요.

1 내일 소풍은 먼저 학교에 집합하고 나서 출발합니다.

2 우리 할머니는 매일 아침 절에 간다.

3 미해결 사건은 생각했던 것보다 많습니다.

4 이 기회에 그릇을 전부 사놓으려고 합니다.

5 리포트 기한은 8월 31일 오후 6시까지입니다.

6 혹시 싫어하는 음식이 있으면 먼저 말씀해 주세요.

7 사람을 속여서 돈을 빼았다.

8 성인이 되고나서는 한번도 감기에 걸린 적이 없다.

문제 2 _____단어를 한자로 쓸 때 가장 적당한 것을 1 · 2 · 3 · 4에서 하나 고르세요.

9 과일 중에서 사과를 가장 좋아합니다.

10 선생님이 학문의 길은 험난하다고 말했다.

11 이제 잃을 것은 아무 것도 없을 것이다.

12 정직(솔직)하게 지금의 기분을 말해보면 어떻습니까?

13 태풍이 지나간 뒤는 매우 더워진다.

14 무죄를 증명하는 것은 쉬운 일이 아니다.

문제 3 ( )에 들어갈 가장 적당한 것을 1 · 2 · 3 · 4에서 하나 고르세요.

15 여행중에는 (개인)행동은 하지 말아주세요.

16 적극적인 영업의 효과가 있어서 가게 (매상)이 올라갔습니다.

17 오늘은 야마다 선수의 (활약)이 눈에 띄었습니다.

18 비자 연장 방법은 (접수처)에 물어봐 주세요.

19 일기예보가 (빗나가) 오늘은 계속 비가 내렸다.

20 내가 그녀에게 (느끼는) 감정은 무엇일까.

21 스스로의 실력을 (시험해보)기 위해 이 시험을 봤다.

22 사고 후 (짧은) 문장조차 쓰는 것이 어려워졌다.

23 어제 (우연히) 들어갔던 슈퍼에서 어릴적 친구와 10년 만에 재회했다.

24 지금의 나로서는 (단지) 기다리는 일밖에 방법이 없다.

25 어머니는 (손수건)으로 눈물을 닦았습니다.

문제 4 _____의 의미가 가장 가까운 것을 1 · 2 · 3 · 4에서 하나 고르세요.

26 장마가 끝나고 드디어 여름이 온다.

27 이 클래스에서 다나카선생님은 믿음직한 존재이다.

28 만약 뭔가 문제가 발생하면 바로 연락드리겠습니다.

29 오픈 축하 선물로 꽃을 보냈습니다.

30 주말에는 DVD를 빌려와서 집에서 느긋하게 보냅니다.

문제 5 다음 단어의 사용법으로 가장 적당한 것을 1 · 2 · 3 · 4에서 하나 고르세요.

31 出身 출신
① 다나카 씨는 도쿄 출신에 살고 있다.
② 다나카 씨는 도쿄 출신이지만, 자란 곳은 홋카이도입니다.
③ 다나카 씨는 출신이 높아서 교외에 살고 있습니다.
④ 다나카 씨는 출신으로 중국에 가게 되었습니다.

32 はぶく 생략하다, 덜다, 줄이다

① CO₂를 줄이기 위해 노력하자.

② 그 사람한테 받은 편지는 생략했다.

③ 필요 없는 곳은 생략하고 정리하세요.

④ 조금 더 숙제를 줄여 주세요.

33 手頃 적당(함)

① 우체국 적당함을 왼쪽으로 돕니다.

② 번역은 몇 번이고 적당했다.

③ 집세도 싸고 이 집이라면 신혼부부에게 적당하다.

④ 어머니가 아이의 상처를 적당했다.

34 ぐっすり 푹 (자다)

① 아무 것도 생각하지 않고 아침까지 푹 자고 싶다.

② 내 아버지는 키가 크고 푹한 체격의 사람입니다.

③ 시간을 두고 푹 생각하는 편이 좋아요.

④ 기본적인 것을 먼저 푹 해 가고 싶다.

35 ルール 규칙, 규정

① 머리카락을 예쁘게 규칙받아서 기분이 좋다.

② 이 게임의 규칙은 좀 너무 어려운 것 같다.

③ 이 소프트에는 편리한 규칙이 가득 있습니다.

④ 책상 위에 규칙을 붙여서는 안됩니다.